PENSER L'ÉCONOMIE AUTREMENT

DES MÊMES AUTEURS

Voir les ouvrages des mêmes auteurs en fin de volume.

Paul Jorion et Bruno Colmant

Penser l'économie autrement

Conversations avec Marc Lambrechts

Fayard

Couverture : atelier Didier Thimonier

ISBN : 978-2-213-68226-6

Introduction

Chance ou malédiction ? La crise économique et financière née en 2007 est la plus grave depuis celle des années 1930. Une malédiction, car cette crise est synonyme de misère à des degrés divers dans de nombreux pays. Mais une chance aussi, car elle oblige à une remise en question de modèles souvent dépassés et à l'ébauche de solutions pour un avenir, espérons-le, meilleur. Tel est précisément l'objectif de ce livre : susciter le débat sur le fonctionnement de notre monde et proposer des voies, souvent inédites, pour nous sortir de cette crise multiforme. Une crise qui a débuté aux États-Unis avec les problèmes des crédits immobiliers *subprime*, avant de muter en une crise de la dette publique européenne, jusqu'à remettre en cause l'existence même de la zone euro.

Des solutions existent, c'est une évidence. Face aux crises, un économiste comme John Maynard Keynes s'est toujours évertué à faire preuve d'optimisme, persuadé qu'une solution émergerait pour le bien de tous. S'il était encore de ce monde, ce dandy anglais aurait été ravi de converser avec Karl Marx pour « refaire le monde ». Imaginons un bref instant la teneur de leurs conversations, si ces deux hommes, que tout oppose en apparence, devaient se rencontrer aujourd'hui.

Marx : J'ai appris que *Das Kapital* est devenu le livre de chevet de pas mal de penseurs. C'est bien la preuve que j'avais raison. Le capitalisme va s'autodétruire. Cette crise en sonne définitivement le glas.

Keynes : J'ai lu tes livres, mon cher Karl. Le communisme aurait pu être le véritable socialisme du futur. Mais tes théories présentaient des erreurs. C'est dommage, car cela a renforcé l'idée que l'économie de marché reste le meilleur système économique concevable. Il n'en demeure pas moins que ce système peut aussi connaître des échecs. Et l'État est précisément là pour corriger les déséquilibres. C'est ce qu'il a fait lors de la crise des années 1930. C'est ce qu'il fait encore lors de cette crise-ci.

Marx : Je sais que le communisme a enregistré de nombreuses dérives. Mais j'ai tout de même prédit que de grandes firmes domineraient la scène économique, avec toutes les répercussions que cela entraînerait. Ce que l'on voit, c'est que le capitalisme n'amène que crise, marasme, dépression, chaos social. Regardez aujourd'hui la course à la productivité, les pressions sur les salaires, cette misère en Grèce ou en Espagne…

Keynes : Karl, il faut surtout combattre les excès de la finance. J'ai appris que deux économistes, Robert

Shiller et George Akerlof, ont publié en 2009 un livre intitulé *Animal Spirits*. C'est un concept que j'avais développé pour dire combien une importante part d'irrationnel hante nos choix. C'est cette part d'irrationnel que j'appelais *animal spirits*. Les excès financiers, tous ces phénomènes d'exubérance irrationnelle, doivent être combattus. Et l'État a un rôle prépondérant à jouer en la matière.

Marx : Je n'avais jamais entendu parler de tous ces produits financiers complexes (CDO, CDS…). Des produits qui n'ont aucun lien avec l'activité réelle et qui ne servent aucune finalité économique. Il paraît que le grand spéculateur George Soros demande lui-même des mesures contre la spéculation. C'est quand même surprenant, un spéculateur qui veut combattre la spéculation ! C'est bien la preuve que ce monde ne tourne plus rond.

Keynes : C'est peut-être la preuve que ce monde va changer. Qu'il va se reconstruire sur de nouvelles bases, plus saines. Je reste optimiste sur le long terme. Même si à long terme, comme je l'ai dit, nous serons tous morts…

Keynes et Marx n'étant malheureusement plus de ce monde, j'ai voulu susciter un dialogue de haut niveau entre deux économistes qu'en principe tout oppose. Paul Jorion ne se définit pas comme économiste (il est anthropologue), mais jette depuis plusieurs années un regard « alternatif » sur l'économie. Bruno Colmant, avec son passé de banquier et d'ancien directeur d'une Bourse de valeurs, se situe de l'autre côté de l'échiquier.

Ce livre apparaît donc comme le choc entre un économiste de droite et un économiste de gauche. Mais la réalité est éminemment plus complexe. Bruno Colmant n'hésite pas à citer Marx parmi ses économistes préférés. En matière monétaire, dit-il, le Marx économiste partage de nombreux points communs avec Milton Friedman.

Surtout, depuis le début de cette crise, Bruno Colmant a changé, n'hésitant pas à remettre en cause certains fondements du système. À l'origine, il était d'ailleurs davantage auteur d'ouvrages de fiscalité ou de mathématiques financières. Mais cette crise a provoqué une rupture. « J'ai réétudié l'économie comme on ne me l'avait pas enseignée. J'ai passé beaucoup de temps à relire les grands auteurs. Et je suis entré dans une autre perception intellectuelle », avoue-t-il.

Quant à Paul Jorion, il est l'un des rares à avoir prévu la crise immobilière américaine. Seuls des économistes comme Nouriel Roubini, Robert Shiller ou Raghuram Rajan peuvent se targuer d'avoir anticipé certains éléments de cette crise. C'est en travaillant en Californie dans le secteur du crédit aux particuliers qu'il découvre ce qui va devenir la « crise des *subprimes* », ou plutôt la « bombe » des *subprimes*. Entre octobre 2004 et février 2005, il rédige un livre consacré à la crise du capitalisme américain. Mais ce capitalisme étant alors toujours triomphant, son manuscrit est refusé par plusieurs éditeurs français. L'ouvrage est finalement publié en janvier 2007. Mais l'éditeur de l'époque, un peu dubitatif, en a modifié le titre : *Vers la crise du capitalisme américain ?*

Entre-temps, en novembre 2005, Paul Jorion a réussi à se faire embaucher par la firme dont il pense qu'elle sera au cœur de la tourmente : Countrywide Financial, le principal établissement de crédit immobilier américain. En bon anthropologue et sociologue, il désire être à un poste d'observation privilégié quand la chute aura lieu.

Et il a vu juste. La crise des *subprimes* éclate en août 2007. Il perd son poste à Countrywide, une entreprise alors à la dérive, en octobre de la même année. Depuis lors, il s'est fait connaître par plusieurs ouvrages à succès. Il est chroniqueur au *Monde* « Économie » et fait partie du Groupe de réflexion sur l'économie positive dirigé par Jacques Attali.

Ce livre est aussi une réflexion sur les économistes et leur métier. Depuis le début de la crise, la profession a été malmenée. Auparavant, les économistes pouvaient se reposer sur des théories bien huilées. Aujourd'hui, ils donnent plutôt l'impression de naviguer à vue, même s'il faut se garder de toute simplification en la matière. La corporation compte en effet de nombreuses sous-catégories : les « conjoncturistes purs » ou « macro-économistes », chargés de chiffrer la croissance économique et l'inflation ; les « économistes de marché », qui font l'interface entre l'économie et les marchés financiers ; les « académiques », auteurs de recherches fondamentales, sans oublier ceux que l'on nomme les « gourous » économiques, qui tentent le plus souvent à coups de prévisions chocs de susciter l'attention des médias.

À laquelle de ces catégories appartiennent Paul Jorion et Bruno Colmant ? À aucune en particulier. Comme s'ils se situaient au-dessus de la mêlée en tant que « penseurs à long terme », les solutions avancées dans ce livre privilégiant très souvent l'horizon de longue échéance, sans toutefois négliger les aspects à plus court terme.

En guise de solutions, Bruno Colmant défend ainsi en priorité la nécessité d'une hausse de l'inflation comme moyen d'alléger le poids des dettes publiques. Répétant inlassablement son message, il semble souvent seul dans ce combat. À quoi il rétorque que l'économiste en chef du Fonds monétaire international (FMI), le Français Olivier Blanchard, a déjà évoqué cette solution, tout comme Paul Krugman ou Carmen Reinhart. Rien que du beau monde…

En réalité, c'est contre l'héritage économique des années 1970-1980 dans son ensemble que se dresse Bruno Colmant, cette croyance que toute hausse des prix est néfaste et que le mandat d'une banque centrale se doit d'être essentiellement ciblé sur l'inflation.

Paul Jorion s'affiche également partisan de changements radicaux, encore plus que ceux imaginés par Bruno Colmant. Ses propositions devraient sans aucun doute interpeller le lecteur. L'économiste belge qui partage son temps entre la France et la Belgique préconise une interdiction pure et simple de la spéculation. Une mesure qui ferait revenir entre 40 et 80 % de la richesse vers l'économie. Utopique ? « On ne peut pas parler d'utopie à propos de quelque chose qui a déjà existé », répond-il. La spéculation était en effet interdite en Suisse jusqu'en 1860, en Belgique jusqu'en 1867, et en France jusqu'en 1885.

Face à une montée du chômage jugée inexorable dans le contexte de la robotisation des secteurs de l'industrie et des services, il fait renaître une idée oubliée de l'économiste suisse Sismondi, qui proposait que tout individu remplacé par une machine reçoive à vie une rente perçue sur la richesse que cette machine crée désormais à sa place.

Ce qui est particulièrement vivifiant chez ces deux économistes, c'est leur faculté commune de réfléchir de manière latérale, hors des canevas traditionnels, cette capacité de penser différemment, de façon non conventionnelle et selon une perspective nouvelle.

Ce livre, résultat de longues heures d'entretiens, invite le lecteur à un voyage dans le monde de l'économie et de la finance. À l'aune des réponses et réflexions de Paul Jorion et Bruno Colmant, à chacun de se faire une opinion sur les moyens les plus efficaces de se sortir de ce mauvais pas.

Jean Monnet a dit un jour que les hommes n'acceptent le changement que dans la nécessité, et ne voient la nécessité que dans la crise. En définitive, à nous de transformer cette crise en une véritable opportunité de changement plutôt qu'en une malédiction inéluctable.

Marc Lambrechts

I

Penseur de gauche contre économiste de droite

Votre première rencontre s'est mal passée, si je ne me trompe ?

Bruno Colmant : Nous étions interrogés lors d'une émission de radio consacrée à la crise. C'était il y a cinq ans environ. Après l'émission, je me suis rendu compte que j'avais été un peu dur et même désagréable vis-à-vis de Paul. J'ai donc demandé ses coordonnées aux responsables de l'émission afin de lui envoyer mes excuses. Et Paul m'a répondu très gentiment, il ne m'en voulait nullement. La rencontre est venue de là. Nous nous sommes revus par la suite. Un soir, Paul est venu dîner chez moi. Et nous avons parlé très longuement de la manière de résoudre le problème des dettes publiques en Europe, une véritable épée de Damoclès au-dessus de nos têtes.

Paul Jorion : Le souvenir que j'ai de cette émission de radio, c'est celui d'un autre intervenant, qui l'avait pris de très haut, se montrant cassant et condescendant à mon égard. Quand j'ai reçu le SMS de Bruno, j'ai eu le sentiment que Bruno s'excusait *à la place de* celui qui aurait dû le faire ! Il y a eu ensuite le colloque « Parier sur l'incertitude » en septembre 2009 à Bruxelles, alors que je revenais en Europe après douze années passées aux États-Unis, un colloque dont Bruno avait accepté d'être l'hôte à la Bourse. Julien Alexandre, qui est devenu depuis mon assistant à la VUB (Vrije Universiteit Brussel), m'avait fait la remarque, à la suite de l'exposé de Bruno, qu'il était difficile d'imaginer des positions plus inconciliables que la mienne et la sienne !

Ces divergences importantes sont-elles apparues dès votre première rencontre ?

Bruno Colmant : Lors de ce premier dîner avec Paul, je soutenais que le problème de la dette publique serait idéalement résolu par la planche à billets et par une hausse de l'inflation qui allège le poids de la dette.

Paul Jorion : J'ai répondu à Bruno que ce ne serait pas suffisant. Un défaut de paiement généralisé serait nécessaire pour remettre à zéro les compteurs de la dette des pays de la zone euro.

Bruno Colmant : Et ces dernières années ont donné raison à Paul. Je dois reconnaître que personne ne veut d'inflation, sans doute parce que nous sommes devenus un continent de rentiers financiers et aussi, probablement, d'idées. Ce n'est pas une explosion de la quantité de monnaie qui va résoudre le problème, mais une implosion des dettes. Et, donc, des effacements de dettes publiques vont se produire. Je vois ces effacements de manière modulaire, avec des solutions qui vont différer de pays à pays. Une solution pour l'Espagne, une autre pour le Portugal, etc. Je dois confesser que je deviens perplexe, voire très inquiet, devant ce manque d'inflation. C'est la parfaite illustration que les politiques de rigueur monétaire et budgétaire, qui sont du reste entrées en résonance, étaient inadaptées. Elles ont aggravé la crise, qui se retournera d'ailleurs contre ceux-là mêmes qui avaient invoqué les vertus de la rigueur fiscale et de l'aridité monétaire. Cinq ans après le déclenchement de la crise des dettes souveraines, on aurait pu s'attendre à plus d'Europe ; or, on a eu moins d'Europe. Le socle d'un rapprochement des finances publiques de l'ensemble des pays européens est et restera absent. Les autorités européennes font une erreur magistrale en imposant des politiques budgétaires d'austérité à des économies faibles. On les plonge dans une récession supplémentaire. C'est la plus grande erreur économique que l'on puisse faire. Aux États-Unis, on aggrave les déficits publics, on injecte de la monnaie dans le système, et on a vu le chômage passer de 11 % à moins de 6,5 % de la population active. En Europe, c'est l'inverse. On veut revenir à l'équilibre budgétaire sans assainissement monétaire, et le chômage est passé de 8 à 12 %. Alors que les États-Unis pratiquent une politique expansionniste, l'Europe est dans un scénario de contraction économique. Le constat est là : les gouvernements européens n'engagent aucune dépense d'infrastructure conséquente pour relancer l'économie, alors que nous sommes en récession. En revanche, lorsque l'économie se portait bien, dans les années 1999-2008, aucune vertu budgétaire n'a été observée, aucun remboursement de dettes publiques n'a été entamé. Ces années seront mal jugées par les historiens de l'économie. Elles seront qualifiées d'années de l'erreur.

Paul Jorion : Il me semble que cette différenciation entre pays, dont parle Bruno, sera difficilement tenable, car le cadre global de la zone euro va s'affaiblir dès les premiers effacements de dette nationale parmi certains des pays membres. Un défaut de paiement généralisé au niveau de la zone tout entière ne pourra pas être évité.

Bruno Colmant : Nous partageons la même conviction : la survenance d'un élément de fracture (fractal, c'est-à-dire de discontinuité). Paul le perçoit de manière généralisée, je le vois de manière différenciée. Mais la seule solution pour sauver l'euro en tant qu'unité de mesure communément acceptée, c'est d'en effacer partiellement la contre-valeur qu'en sont les dettes publiques. Il y a un parallèle évident entre la dette publique et la monnaie. Ces deux notions constituent l'avers et le revers de la même réalité, puisque tant l'une que l'autre sont émises par les mêmes États. Ce qui me rend de plus en plus perplexe, c'est que, malgré les évidences statistiques, injonctions du FMI et recommandations des meilleurs économistes anglo-saxons, la politique des autorités européennes et de la Banque centrale européenne (BCE) reste d'une inflexibilité inébranlable. L'histoire économique est pourtant dense d'exemples de politiques d'austérité mortifères (déflations de Hoover, de Laval et de Brüning) et de politiques monétaires restrictives récessionnaires (Union monétaire latine du XIXe siècle, bloc-or des années 1930).

Or, il est évident que la variable d'ajustement des déséquilibres doit être la monnaie, qu'on doit dévoyer par une inflation raisonnable. Il est impossible – je dis bien strictement impossible – de financer les dettes publiques existantes et différées (pensions, soins de santé) avec des politiques d'austérité et une monnaie forte. Bien sûr, l'inflation n'est, en tant que telle, pas souhaitable, mais l'érosion de la monnaie devrait pourtant être le revers de l'endettement public que nous laissons aux futures générations. Pour parler simplement, nos patrimoines individuels ne pourront pas être protégés par une monnaie désinflatée et forte alors que nos dettes collectives sont impayables. Ceux qui continent à croire à ces fictions doivent relire Marx. Pas le Marx politique, mais le Marx économiste, qui rappelle que si la dette ne s'ajuste pas aux réalités de l'économie, l'implosion sociale est inévitable. Je crois qu'il avait raison. Et, finalement, c'est peut-être ce que nos instances européennes attendent : l'urgence d'un choc social qui les force à l'action par résignation. Un peu comme pour les emprunts russes…

Paul Jorion : Si ce sont des restructurations au coup par coup qui ont lieu, on se retrouvera avec un euro chypriote qui vaudra 80 centimes, un euro portugais qui vaudra 90 centimes… On peut faire confiance aux cambistes nostalgiques des dix-huit anciennes devises distinctes de la zone euro pour jouer l'euro chypriote contre l'euro portugais, et ainsi de suite. Nous ne serions pas au bout de nos peines !

Bruno Colmant : Dans un système de cours de change fixe, tel le régime de l'euro, les ajustements monétaires sont impossibles : ce sont les facteurs de production (le capital et les hommes) qui servent de facteurs théoriques d'ajustement. Les capitaux quittent les économies fortes pour s'investir dans les économies faibles, tandis que les travailleurs sous-employés des économies faibles migrent vers les économies fortes. Aujourd'hui, les capitaux ont re-migré vers leurs économies d'origine, tandis que les travailleurs s'expatrient peu. Il faut alors s'orienter vers des ajustements monétaires « internes » : les économies faibles doivent subir une dévaluation « interne », c'est-à-dire une baisse des salaires (et des prix), pour augmenter leur compétitivité.

Les économies fortes doivent, quant à elles, subir une réévaluation « interne », c'est-à-dire augmenter leurs salaires pour diminuer leur compétitivité. Le problème, c'est que les pays du Sud, déjà accablés par les programmes d'austérité, n'arrivent plus à s'autodévaluer, tandis que l'Allemagne a toujours construit sa compétitivité sur une dévaluation interne permanente destinée à compenser la force du mark et à circonscrire tout risque d'inflation.

Ce déséquilibre commercial est aggravé par les endettements publics. L'euro n'est plus un projet socialement fédérateur et il est même source de profonds ressentiments sociaux dans les pays du Sud. L'atténuation de ce risque social était opérée, dans le passé, par le nationalisme monétaire et la discipline de la dévaluation. Or ces outils ne nous sont, aujourd'hui, plus accessibles. En rigidifiant la monnaie, on doit en effet accepter que d'autres paramètres deviennent mobiles. La question se pose donc de savoir si, désormais, la monnaie en tant que telle suffira à absorber l'absence de fondements économiques à sa propre existence.

La monnaie unique constitue un rapprochement forcé de deux cultures monétaires antagonistes : l'euro survit parce que la France et l'Allemagne y trouvent un avantage temporaire ; l'Allemagne a démultiplié son marché intérieur, tandis que la France a bénéficié des conditions d'emprunt allemandes pour sa dette publique. En Allemagne, l'euro a profité au secteur privé, tandis qu'en France il a permis de consolider le rôle de l'État à coût réduit. Cette réalité est-elle pérenne ? Rien n'est moins sûr. Il faudrait que les économies des deux pays s'alignent davantage et qu'une compréhension mutuelle fonde les équilibres monétaires et budgétaires. Sans ce rapprochement, la monnaie unique servira de révélateur à des dissensions ancestrales. Plus que jamais, la perpétuation de l'euro repose sur le fragile équilibre de l'axe franco-allemand. Certains pays, comme l'Allemagne, n'ont pas besoin d'être affectés par des mesures autoritaires d'effacement de dette, alors que d'autres en ont impérativement besoin ; c'est donc une solution individualisée qui devrait s'imposer.

Paul Jorion : Sur le papier, en tout cas, cela paraît incontestable !

Bruno Colmant, vous êtes étiqueté en économie plutôt « de droite », et Paul Jorion plutôt « de gauche ». La grande crise que nous connaissons depuis plus de cinq ans a-t-elle ébranlé vos convictions ?

Bruno Colmant : Dans ma génération, l'économie a été érigée en science absolue, en science exacte dérivée de la mathématique. J'ai été fort influencé par cette vision des choses. Mais je comprends aujourd'hui qu'il n'y a pas d'économie sans un arrière-plan politique. J'ai aussi perçu les limites de l'autorégulation et de l'efficience des marchés financiers. Le fait d'avoir dirigé la Bourse (Euronext Bruxelles) m'avait conforté dans cette idée d'efficience des marchés. À tort : il n'existe pas d'économie absolue, ou même technique, extraite de son socle politique. Il n'existe qu'une économie politique. C'est vraiment quand j'ai pris la direction de la Bourse de Bruxelles que tout a basculé. Jusqu'alors, je croyais à un monde économique parfait avec des mécanismes bien huilés. La crise a provoqué une rupture. J'ai publié le livre *2008 : l'année du krach*, rédigé en quelques semaines. Je voulais absolument comprendre ce qui se passait et j'ai réétudié l'économie comme on ne me l'avait pas enseignée. J'ai passé beaucoup de temps à relire les grands auteurs. Et je suis entré dans une autre perception intellectuelle.

Paul Jorion : Personnellement, je ne me suis découvert « économiste » que petit à petit, essentiellement parce que j'étais devenu de fait ingénieur financier en 1990, quand un banquier français m'avait proposé de devenir *trader* dans la salle de marché qu'il dirigeait à la Banque de l'Union européenne, appartenant au groupe CIC.

Je n'avais pas d'idée *a priori* sur la finance, un monde qui m'était parfaitement inconnu. J'ai découvert la crise des *subprimes* de manière très progressive parce que je me suis retrouvé à travailler dans ce secteur aux États-Unis sans la moindre préméditation. Il s'est fait que mon premier boulot là-bas en 1998, quand j'ai décidé de rester en Californie une fois terminé mon séjour à l'université de Californie à Irvine, a été dans un petit établissement de prêt dans le secteur qu'on appelait à cette époque-là « C et D ». Ces C et D renvoyaient à la classification du risque par catégorie : A, B, C et D. Le C et le D, c'étaient les notations de crédit pour les emprunteurs à haut risque (ce n'est qu'un peu plus tard qu'on a commencé à regrouper dans le secteur de l'immobilier résidentiel les C et les D dans la catégorie *subprime*).

Pour embrayer maintenant sur ce que dit Bruno, sur l'économie comme science, quand j'étais adolescent, je participais aux camps d'été des Jeunesses scientifiques de Belgique comme aspirant biologiste. À l'époque, je me destinais à être chimiste ou biologiste. Je me voyais devenir un « savant » (un peu fou, sûrement !) travaillant dans les sciences exactes.

Je me suis inscrit à l'École de commerce Solvay de l'Université libre de Bruxelles. J'ai suivi quelques cours et ma perplexité a été immédiate : la prétention à un statut scientifique du savoir qui était présenté là m'apparaissait usurpée. Il était clair que ce que j'entendais était un discours idéologique paré des plumes de la science, mais d'une manière très peu convaincante, frisant même le ridicule.

L'outil mathématique y était utilisé pour offrir un gage de scientificité, alors que parallèlement la vérification expérimentale était négligée et – comme je le découvrirais plus tard – parfois délibérément sacrifiée pour protéger les intérêts des milieux financiers.

Quelques mois plus tard, je me suis inscrit en sciences économiques en expliquant à mon père que je m'écartais à peine des études qu'il m'avait encouragé à faire. Mais, là aussi, j'ai fui rapidement pour m'inscrire en sociologie et en anthropologie. J'ai découvert dans ces domaines qui ont finalement retenu mon choix – surtout quand j'ai poursuivi mes études ensuite en Angleterre, à Cambridge – des champs dont la prétention à la scientificité, telle qu'elle m'était familière en chimie ou en biologie, n'était pas usurpée ; j'étais rassuré. Ce n'est que plus tard – à la fin des années 1980 –, sous l'influence de l'herméneutique (qui prétend que toutes les explications se valent !), que ces disciplines sont tombées pour trente ans dans le n'importe quoi (quelqu'un a un jour fait remarquer que cette décadence a coïncidé avec le fait que la diminution du montant des bourses avait fait tomber la durée des recherches de terrain en dessous d'un an).

Bruno Colmant : Tu as donc ressenti la même chose que moi vis-à-vis de ce vernis mathématique déposé sur l'économie. La différence, c'est que tu as perçu cela en quelques semaines, alors que moi, j'ai mis trente ans à m'en rendre compte (*rires*).

Paul Jorion : À l'âge de vingt-six ans, je suis parti travailler avec des pêcheurs sur l'île d'Houat en Bretagne. Je n'avais aucun intérêt particulier jusqu'à cette époque pour les questions économiques.

C'est là que je découvre comment fonctionne réellement un système productif fondé sur des entreprises familiales, liées ici à l'équipage d'un bateau de pêche. Et c'est à ce moment-là que ma réflexion économique a démarré. J'ai accumulé des données sur les quantités de poissons, de crustacés, de coquillages vendus et sur les prix obtenus.

Je suis inscrit à cette époque en doctorat à l'Université libre de Bruxelles sous la direction de Luc de Heusch, mais j'écris ma thèse à Cambridge grâce à une bourse Wiener-Anspach. Je me dis – comme une évidence – que je vais consacrer un chapitre à la loi de l'offre et de la demande comme étant le principe qui détermine comment les prix s'établissent, et je découvre avec stupeur que, à partir de mes données, c'est impossible : cela ne marche absolument pas ! Je me rends compte que je dois expliquer la formation des prix que j'observe à Houat autrement qu'en termes d'offre et de demande.

Comme j'ai acquis une certaine réputation dans ce domaine-là, l'Institut français de recherche pour l'exploitation de la mer (Ifremer) me demande un rapport sur la formation des prix. Nous sommes en 1986. Je rédige le rapport et le leur fais parvenir. Ils me font savoir peu de temps après qu'ils vont me payer pour le travail effectué, mais ajoutent qu'ils ne publieront pas mon étude. La raison inavouée, que j'appris par la suite : « Jorion ne comprend absolument rien à l'économie : il ne connaît même pas la loi de l'offre et de la demande ! »

Après avoir vainement cherché une théorie qui pourrait rendre compte des faits, je suis tombé, grâce à un article de Karl Polanyi à ce sujet[1], sur la théorie de la formation des prix d'Aristote, pour qui les prix s'établissent au niveau qui permet de reproduire en permanence l'ordre social : tout prix payé reconstitue l'ordre social tel qu'il existait avant que n'ait lieu cette transaction particulière. Les prix expriment donc un rapport de forces, celui qui existe entre les classes sociales qui constituent une société. La théorie d'Aristote était donc, si l'on veut, plus « marxiste » que celle de Marx, qui n'explique pas la formation des prix en termes de rapports entre les classes ! Et elle avait pour moi l'énorme avantage de rendre compte des données que j'avais récoltées sur le terrain.

1. Karl Polanyi, « Aristotle discovers the Economy » [1957], *in* George Dalton (éd.), *Primitive, Archaic and Modern Economies. Essays of Karl Polanyi*, Boston, Beacon Press, 1968, p. 78-115.

Les prix à la pêche permettent de subvenir aux besoins des familles de toutes les parties prenantes : des pêcheurs d'un côté, des mareyeurs et des conserveurs de l'autre, de manière à ce que, bon an, mal an, l'industrie de la pêche dans son ensemble puisse se perpétuer, et avec un consensus implicite que le conserveur et le mareyeur aient un train de vie plus élevé que celui du pêcheur. Il y avait donc bien une « main invisible » au sens d'Adam Smith, mais ce n'était pas celle de l'offre et de la demande, c'était celle d'un ordre social avec des plus riches et des moins riches. L'ensemble des parties prenantes y étaient conscientes du fait que *tous* avaient, quoi qu'il advienne, le droit de survivre !

Ce qui vous réunit, en tout cas, c'est que tous deux vous avez été banquiers.

Paul Jorion : Dans mon cas, la trajectoire n'est certainement pas linéaire : l'histoire est même assez rocambolesque ! À la fin des années 1980, je travaillais dans le domaine de l'intelligence artificielle, un sujet qui m'avait attiré quand ma carrière d'ethnologue avait été brutalement interrompue. Lors d'un colloque, un intervenant, intéressé par les questions que je posais aux orateurs, m'a abordé et m'a demandé de venir travailler dans son équipe. J'ai reçu une lettre de British Telecom, à Ipswich en Angleterre, disant qu'ils m'attribuaient une bourse réservée à des ingénieurs de haut niveau. J'ai expliqué que je n'étais pas ingénieur. Ils m'ont alors répondu : « Pas de problème, le fait que nous vous attribuions cette bourse prouve que vous l'êtes à nos yeux. » Une expression typique de l'humour britannique !

Quelques années plus tard, fin 1989, notre équipe est convoquée pour un colloque interne à British Telecom. Cela nous paraissait louche, et nous avions raison d'être soupçonneux puisqu'on nous annonce là qu'en réalité nous n'avions jamais travaillé pour British Telecom, mais bien pour le ministère de la Défense britannique. Nous étions stupéfaits : nous avions été roulés ! Avec la chute du mur de Berlin et la fin des régimes communistes, les budgets de la défense occidentaux étaient drastiquement revus à la baisse. Et le ministère de la Défense britannique ne disposait plus des crédits qui auraient permis de nous payer.

L'ironie de l'histoire, c'est que cinq ans auparavant, sous Margaret Thatcher, quand l'université de Cambridge avait refusé de me titulariser, c'était en raison des coupes sombres dont avaient souffert les départements universitaires de sciences humaines, comme le département d'anthropologie.

On était, en 1984, en plein « maccarthysme » à la britannique. C'était l'aumônier du Pembroke College qui avait le mieux exprimé à mes yeux l'atmosphère de cette époque quand il m'avait dit un jour : « C'est bien vous, n'est-ce pas, qui êtes le répétiteur de nos étudiants en anthropologie ? Rafraîchissez ma mémoire : est-ce que l'anthropologie n'est pas le nom que l'on attribue au communisme quand on veut l'enseigner dans les universités ? »

Quand je perds mon financement de British Telecom, nous sommes en janvier 1990 et un banquier français me demande immédiatement de venir travailler avec lui. Il avait entendu une série d'émissions que France Culture m'avait chargé de produire sur l'intelligence artificielle. Il m'a proposé de rédiger des programmes informatiques qui donneraient de manière automatisée des ordres d'achat et de vente sur les marchés à terme. En fait, nous étions, nous les quelques *traders* à la surface du globe qui comme moi rédigions nos stratégies sous forme de logiciels à l'époque, les pionniers de ce qu'on appelle aujourd'hui le « *trading* à haute fréquence ». Le cœur de ces logiciels, c'était l'optimisation rétrospective – en maximisant le profit sur le long terme – d'opérations fictives sur la suite des prix qui avaient été constatés sur ces marchés à terme qu'on nomme en anglais *futures*.

Je travaillerai ensuite pendant douze ans dans le milieu bancaire en Californie, essentiellement dans le secteur du crédit aux particuliers, où je serai un spécialiste de la tarification. Quand la crise qu'on allait appeler des *subprimes* est devenue inéluctable, j'ai tenu à me faire embaucher dans la firme dont il était clair qu'elle serait le déclencheur de cette crise : Countrywide Financial. Je voulais être à ce poste d'observation privilégié quand la chute aurait lieu. Après quelques mois d'efforts, j'ai réussi. Quand Countrywide s'est écroulée, j'étais dans le département de gestion du risque, où mon patron était numéro trois. Je parle d'une entreprise qui avait alors

62 000 employés et 200 milliards de dollars en fonds propres.

Bruno Colmant : Et c'est à cette époque que tu as publié un livre sur la crise des *subprimes* qui allait nous éclater à la figure.

Paul Jorion : Effectivement. Le livre sur les *subprimes*, terminé au printemps 2005, a été finalement publié en janvier 2007. La grande crise allait suivre. Je perdrais mon job chez Countrywide lors de son effondrement au mois d'octobre 2007. Au moment où j'ai été licencié, nous nous contentions de « pointer » : il y avait déjà deux ou trois semaines qu'il n'y avait plus de réunions, plus d'ordres venant d'en haut. Nous disions entre nous que les patrons étaient entièrement occupés à la construction de leurs « radeaux » !

Bruno Colmant : Pour ma part, en 2005, j'avais pris la tête du *corporate banking* d'une banque importante en Belgique. C'est à cette époque que j'ai découvert une position de 70 milliards d'euros en actifs immobiliers américains, matière que je connaissais bien d'un point de vue académique. J'ai fait arrêter des opérations en 2005. Je n'avais pas perçu toute l'envergure du problème, mais j'avais tout de même compris qu'il y avait une erreur dans le prix que l'on donnait à ces produits. J'avais réussi à faire venir des responsables de New York. Fin septembre 2005, un de ceux-ci nous expliquait qu'il avait réussi à transférer le risque de prêteur en dernier ressort de la Réserve fédéral (Fed) vers la BCE. En d'autres termes, les États-Unis avaient réussi à exporter le problème de l'immobilier vers l'Europe. Il savait que la zone euro allait encaisser le choc.

Quels sont les éléments qui vous différencient a priori *?*

Bruno Colmant : Je pense que Paul est un vrai révolutionnaire. Attention, il n'est nullement un révolutionnaire iconoclaste. Paul fait des révolutions au sens géométrique du terme : il prend un système, l'analyse sous tous ses aspects et propose des changements radicaux. Pour ma part, je suis quelqu'un de naturellement plus dubitatif. Ma recherche ne s'arrêtant jamais, je n'aboutirai jamais à la solution définitive d'un problème. Mon cerveau est comme un jeu de Rubik's Cube. Je n'ai pas encore trouvé les six faces du cube, et donc je ne cesse de reprendre le travail. Paul parle de défaut généralisé ; moi, je parle de modalités différenciées, ce qui démontre ma plus grande prudence face à un « révolutionnaire » tel que Paul.

Paul Jorion : J'accepte le mot « révolutionnaire » dans ce sens-là. Je suis convaincu qu'à un moment donné tout système est susceptible de se briser et que, plus il se complexifie et plus il est interconnecté en son sein même, plus la probabilité qu'il se casse augmente. Quand certains disent que le capitalisme s'en sortira toujours, je ne comprends pas ce qu'ils cherchent à dire : le fait que cela ait été le cas jusqu'ici n'est pas une garantie pour l'avenir. Je pourrais tout aussi bien prétendre que je suis immortel puisque je ne suis jamais mort jusqu'à présent. C'est une forme d'optimisme, ou bien de la simple superstition. Je suppose que c'est une façon de toucher du bois.

Bruno Colmant : Pour ma part, je pense que le capitalisme va survivre. Tout au moins dans son acception la plus élémentaire qui est la propriété privée des moyens de production. Ou alors on change complètement de système politique. Le monde n'évolue que par tensions entre économie publique et économie privée. Paul dirait que c'est la fin du capitalisme, je dirais que le capitalisme est nécessaire pour jouer le rôle d'une force de rappel afin de réaliser l'ajustement permanent du système. Actuellement, je ne vois pas de disposition à une rupture totale du système.

Cela étant, au fur et à mesure que nos économies discernent les effets de la crise économique, c'est un scénario de stagflation (c'est-à-dire de stagnation de la demande intérieure et d'inflation) et de répression financière qui semble se dessiner à terme, couplé à une hétérogénéité croissante entre les pays de la zone euro.

En temps normal, il est possible d'échapper à la stagflation par une politique de déficit public. Malheureusement, ce n'est plus possible : jamais, sauf en période de guerre totale, la dette des pays développés n'a été aussi élevée. Ce ne sont pas non plus les marchés financiers qui ont créé la dette publique, mais nous-mêmes qui avons capturé, au travers de l'endettement, la croissance et la démographie des prochaines générations. Les États ont profité de la financiarisation de l'économie, grâce à laquelle ils ont trouvé des créanciers complaisants.

Pendant des années, nous avons construit un système d'État-providence qui a empêtré les finances publiques et la fiscalité du travail dans un inextricable mélange de pseudo-assurance collective.

Cela m'amène à une intuition plus globale : une dette publique excessive n'est-elle pas la négation de l'économie de marché et de la propriété privée des moyens de production ? La dette, remboursée par l'impôt et l'inflation, fait en effet planer un risque de confiscation sur les revenus du travail et du capital. Dès lors, une dette publique outrancière s'assimile, pour partie, à une étatisation pernicieuse de toute l'économie. Si cette orientation était confirmée, cela signifierait que la dette publique et la création monétaire convergent vers une expropriation partielle de l'économie privée. Le problème de la dette publique, c'est qu'elle est une hypothèque sur la prospérité des générations futures, ce qui constitue un incontestable déni de démocratie. Les prochaines années seront affectées d'une tension croissante entre le capitalisme individuel et des forces collectivistes caractérisées par une répression financière, fiscale et inflationniste. Ces frictions seront accentuées par des crispations sociales, elles-mêmes alimentées par des dislocations générationnelles, qu'on constate déjà dans de nombreux pays.

Donc, même si je suis convaincu de la survie du capitalisme, la crise entraînera peut-être une étatisation croissante, avec son corollaire d'accélération de la dette et des dépenses publiques, qui deviennent des ciments sociaux destinés à assurer la cohésion sociale. La vraie question centrale sera désormais : quelle majorité ou génération va imposer sa loi à quelle minorité ? Qui sera le garant de la propriété privée ? Comment les marchés vont-ils composer avec les pouvoirs souverains ? Le chemin sera sinueux entre le libéralisme de l'économie de marché et le socialisme redistributif, mais l'instant de vérité de notre modèle social est proche.

Paul Jorion : Encore une fois, le fait que le capitalisme nous semble aujourd'hui un mécanisme indispensable ne suffit pas à garantir sa survie. La fragilité est telle maintenant, pour un nombre incalculable de secteurs de l'économie, qu'il est de toute façon impératif de se préparer à une alternative radicale. Il suffit de penser à la manière dont on sacrifie en ce moment, de gaieté de cœur, ce qui subsiste encore comme fragments d'un ordre monétaire international pour essayer de sauver des économies moribondes. Les États-Unis font tourner la planche à billets : ils continuent à tirer parti du fait que le dollar est toujours une devise de référence, ce qui leur permet d'exporter leurs difficultés économiques, à charge pour le reste du monde de tenter de résoudre ces difficultés à leur place. L'Europe, de son côté, compense par des avances aux banques, par ses opérations de refinancement à long terme (LTRO), l'absence au niveau de la zone euro d'une union bancaire suffisamment musclée, d'une unité fiscale et d'une mutualisation de la dette.

Le prix Nobel d'économie 2013, Robert Shiller, qui a beaucoup travaillé sur la finance comportementale, reste partisan d'une théorie économique mathématisée et quantifiée envers laquelle vous semblez très critiques.

Paul Jorion : Robert Shiller est comme Paul Krugman, un autre prix Nobel d'économie (2008) : il n'est pas partisan d'un changement radical du cadre existant ; il demeure finalement dans le même, en ajoutant des nuances. C'est comme Adair Turner, l'ancien patron de la Financial Services Authority en Grande-Bretagne, qui croit toujours à cette science économique, mais tout en dressant le catalogue consciencieux de toutes ses lacunes, en soulignant qu'il ne s'insurge que contre les « versions exagérément simplificatrices » de la science économique. C'est un peu risible car, au final, il ne reste pratiquement rien : toutes les bases de la théorie économique standard ont été en fait sapées par son examen critique.

Bruno Colmant : Je pense que, en économie, il faut tout de même quantifier et mesurer certaines choses. Immanquablement, presque inéluctablement, il arrive d'ailleurs un moment où toute personne qui se qualifie d'économiste s'interroge sur la nature de sa prétendue expertise. Car, après tout, qu'est-ce que l'économie, sinon une obscure chimie de sciences humaines relevant de la sociologie, de l'anthropologie et probablement de la psychiatrie ? Est-ce un peu de mathématiques appliquées à des lois que l'on suppose naturelles et que l'on saupoudre de droits et de normes ? Un peu de tout entouré de pas grand-chose, comme l'énonçait Victor Hugo ? Et puis, quelle étrange science : c'est une des seules sciences pseudo-mathématiques qui s'énonce à coups de tribunes et d'opinions dans les journaux ! L'économie est un immense continuum d'échanges dans un espace-temps aux contours imprécis. Rien n'y est abouti. Les théories économiques sont d'ailleurs les sédiments d'une gigantesque fosse commune dont certains tentent d'extraire de vagues courants de pensée ou des idéologies.

C'est la fin de la « science économique » en tant que telle ?

Paul Jorion : Je suis convaincu qu'il est possible de créer une authentique science économique. Mais la « science » économique s'est surtout caractérisée jusqu'ici par le fait que, si des éléments venaient infirmer une théorie dont on était jusque-là satisfait, ces éléments devaient être considérés comme de simples anomalies qui ne remettaient pas en cause la théorie générale.

J'en donne un exemple. Quand j'ai tenté d'utiliser le modèle de Black et Scholes de *pricing* (valorisation) des options, l'erreur qui le vicie, connue dans la profession sous le nom de *smile*, m'a arrêté. Mais cela, contrairement à la quasi-totalité de mes collègues, qui étaient indifférents à cette erreur (je devrais plutôt dire « horreur » !). Elle ne les gênait pas du tout et ils remplaçaient de gaieté de cœur une *variable d'état*, résultant d'une observation empirique : la volatilité du produit financier sous-jacent à l'option, par une *variable de contrôle*, dont la valeur était établie « au pifomètre » par le *trader* : la volatilité « implicite » !

J'ai essayé de résoudre le problème, c'est-à-dire d'éliminer l'erreur, ce qui n'était pas trop difficile : il suffisait d'ajouter une variable représentant le profit du vendeur d'options.

Myron Scholes a reçu un prix Nobel d'économie en 1997 ; il a aussi été, l'année suivante, responsable de la chute du *hedge fund* Long Term Capital Management (LTCM), dont il était l'un des dirigeants. Une perte de près de 5 milliards de dollars, un événement « systémique », autrement dit susceptible de provoquer un effondrement total du système financier.

Donald MacKenzie[1], un philosophe des sciences britannique, a interrogé un certain nombre d'auteurs de modèles financiers, dont Scholes. Et il est apparu lors d'un entretien que Scholes savait que le modèle appelé « Black et Scholes » de *pricing* d'options était faux. Et lorsque MacKenzie lui demande pourquoi il a alors persévéré dans l'erreur, sa réponse est révélatrice : produire un modèle correct aurait forcé à remettre en cause la théorie de l'*efficience des marchés*. Il faut bien com-

1. Donald MacKenzie, *An Engine, Not a Camera. How Financial Models Shape Markets*, Cambridge (Mass.), MIT Press, 2006.

prendre ce que cela veut dire : on n'a pas affaire, dans ce genre de « science » économique, à des hypothèses que l'on corrobore en les confrontant avec des données empiriques ; certaines hypothèses sont devenues des dogmes qu'on n'a plus le droit de remettre en question, quitte à produire ensuite un modèle délibérément faux !

Bruno Colmant : Le fait qu'il existe autant d'écoles de pensée en économie montre que ce n'est pas une science exacte, qu'il n'y a pas une vérité absolue. L'économiste Irving Fisher (1867-1947), qui est le père spirituel de Milton Friedman, part de l'idée que les phénomènes sont évolutifs. L'absolu n'existe pas ; or, on a voulu faire de l'économie une science absolue. Je ne sais pas ce qui a déclenché ce mouvement. Les années 1950 et 1960 étaient des années très politisées. À la fin des années 1970, on a dépolitisé l'économie et on a voulu en faire une science exacte.

Paul Jorion : On trouve déjà cela chez Alfred Marshall (1842-1924) dans les années 1870, et il en parle en particulier dans sa leçon inaugurale à Cambridge en 1885 : il reproche aux économistes de la première moitié du XIXe siècle d'avoir considéré l'homme comme, dit-il, « une quantité constante ». Selon lui, par exemple, ces économistes estimaient que la loi de l'offre et de la demande avait un effet beaucoup plus mécanique et régulier que ce n'est le cas dans la réalité. Malheureusement, après la lucidité d'un Marshall – et son élève Keynes sera comme lui de ce point de vue –, on en reviendra dans les années 1950 à la naïveté épistémologique que Marshall dénonçait : une économie comme un mouvement d'horlogerie.

Bruno Colmant : Cette croyance a aussi été alimentée par un modèle d'endettement que l'on a cru permanent et perpétuel. On a considéré que la contrainte de l'économie n'existait plus. Puis est venue la crise de 2008… Je pense que nous sommes à l'aube de grands débats idéologiques qui portent sur les relations entre le capital et le travail. Le capital n'est autre que du travail passé accumulé et transformé en épargne. Ce travail passé s'oppose à du travail présent. Il s'agit d'une lutte entre les générations. Karl Marx nous propose une grille de lecture utile dans ce sens. D'un côté, des rentiers-créanciers qui demandent que le pouvoir d'achat de la monnaie soit maintenu. De l'autre, des travailleurs d'aujourd'hui et de demain qui accusent la génération précédente de n'avoir rien laissé en héritage, sinon de la dette. Et ils demandent à être libérés de ce fardeau. Cela peut se faire en créant de l'inflation. Mais si cette solution est niée, alors c'est celle du défaut de paiement qui s'impose.

En fait, ces dernières années ont poli ma pensée dans le sens d'une meilleure conscience de la réalité et des solidarités sociales. Un État qui doit stimuler l'économie, ce n'est peut-être pas, *a priori*, très sain. Mais c'est nécessaire quand les choses vont vraiment mal. C'est ce que dit Paul Krugman, mais aussi un autre prix Nobel, Joseph Stiglitz. Quand ce dernier souligne que l'on contribue à créer une jeunesse désespérée, il a raison. Il y a un risque social qui n'a pas été mesuré. On le voit aujourd'hui en Grèce. Et on le verra bientôt dans d'autres pays dont on gaspille les forces productives. L'élément social devient prédominant. La rue n'a pas toujours raison, mais on n'a pas raison contre la rue. Quand il y a un problème monétaire et un problème social, c'est toujours le problème social qui doit être réglé en priorité. D'ailleurs, que vaut la monnaie si les forces productives sont inemployées ?

II

Quel modèle économique choisir ?

Existe-t-il un modèle économique qui pourrait nous sortir de cette crise ? Qui soit susceptible de résoudre les problèmes d'emploi, notamment chez les jeunes ? Le modèle allemand est souvent cité en exemple. Fondé sur les exportations, il mise sur la formation et l'intégration des jeunes au sein des entreprises.

Le modèle scandinave de « flexisécurité » est également souvent mis en avant, avec sa grande flexibilité du marché du travail, des règles de licenciement assez souples, mais une certaine sécurité pour le travailleur avec une importante indemnisation en cas de chômage, couplée avec des politiques actives de réintégration en matière d'emploi.

D'où viendront les solutions pour résoudre la crise ?

Paul Jorion : Comme l'Allemagne assure le leadership de fait de l'Europe et est à même d'imposer son modèle aux autres, même s'il n'est pas adapté à leur situation individuelle, c'est du côté de l'Allemagne seulement que l'on peut espérer le modèle du changement. La question de savoir s'il s'agit du changement nécessaire est une tout autre affaire.

Bruno Colmant : Je pense que Paul a raison, le changement viendra d'Allemagne. Je pense même que le pays pourrait faire sécession monétaire et donc sortir de la zone euro. Depuis novembre 2009, le message politique européen est fondé sur l'intangibilité de l'euro. Le président de la BCE, Mario Draghi, a même affirmé son irréversibilité. Pourtant, force est de constater que la Providence se fait attendre. Jour après jour, les économies européennes divergent de manière croissante et l'euro se disloque. Si un réajustement monétaire était autorisé, il conduirait à une dévaluation drastique de la plupart des devises européennes par rapport à un Deutsche Mark réinstauré.

Un basculement monétaire devient plausible lorsqu'on recense les biais qui affectent les taux d'intérêt réels, devenus négatifs pour certains pays. Tout d'abord, les pays du sud de la zone euro ont pu, grâce à la référence allemande, emprunter à des conditions lucratives qui ont masqué les réalités de leur solvabilité. C'est ainsi que l'endettement public grec a pu atteindre des sommets qu'une drachme n'aurait pas autorisés. En effet, les prêteurs étrangers auraient exigé une prime de risque destinée à se protéger contre le risque de change. Ensuite, par effet de cascade, les taux d'intérêt des pays périphériques sont restés trop bas, entraînant des bulles d'actifs. C'est typiquement le cas de l'Espagne, dont la bulle immobilière n'aurait jamais pu apparaître si les taux d'intérêt de l'État espagnol n'avaient pas été déflatés par l'introduction de l'euro. Enfin, cette politique de taux d'intérêt bas a permis aux États européens de renforcer leur poids dans l'économie à coût réduit. En effet, ces États ont vu leur coût d'emprunt allégé et leur indiscipline budgétaire débarrassée de la contrariété des taux d'intérêt élevés que les marchés financiers leur auraient normalement imposés.

Mais si la création de l'euro a biaisé les taux d'intérêt, son sauvetage génère un travers encore plus profond, puisque la BCE doit adopter une politique monétaire extrêmement expansionniste. Mécaniquement, l'euro est à l'origine de nombreuses bulles qui finissent toutes par éclater. Le prochain éclatement est sans doute celui d'une bulle obligataire dans les pays d'Europe du Nord.

Existe-t-il un moyen d'échapper à une sécession monétaire ?

Bruno Colmant : Bien sûr, et il faut l'espérer, car le projet européen est porteur des valeurs morales d'un idéal politique. Mais, pour l'éviter, il faudrait accepter une monétisation (c'est-à-dire un escompte permanent) des dettes publiques des pays faibles auprès de la BCE et un relèvement des objectifs d'inflation de cette institution.

Pour les pays qui seraient expulsés ou qui choisiraient de rompre leur ancrage monétaire, la rupture sera gravement chaotique. Pourtant, les contours de l'opération sont discernables. Comme une dévaluation drastique, elle exigera des contrôles de change, une aide d'urgence aux banques, un gel des prix et des salaires afin d'éviter des phénomènes d'(hyper)inflation, des restrictions aux mouvements des capitaux et un support des instances internationales, tel le FMI. La conversion monétaire sera d'abord effectuée en compte avant d'être réalisée en pièces et billets. Il faudra aussi apaiser les inévitables troubles sociaux, car une répudiation monétaire n'entraîne pas de changement de régime.

J'énumère ci-après quelques points de repère de cette métamorphose monétaire que personne ne souhaite, mais qui pourrait s'imposer.

Tout d'abord, il n'y aurait pas deux euros, mais un euro-mark, géographiquement centré sur la Ruhr, et des devises périphériques au flottement contrôlé. On pourrait imaginer un retour à la drachme, à la lire, à la peseta et à l'escudo. Avec ces devises, il faudrait immédiatement réinstaurer un système de couloir de variations, comparable au Serpent monétaire (1974-1978) ou au Système monétaire européen (SME, de 1979 à 1999), afin de stabiliser le commerce intracommunautaire et l'inflation. En d'autres termes, les devises sortantes devraient évoluer dans un système de cours pivot, dont l'euro-mark serait l'axe de référence, assorti de marges de fluctuation. D'ailleurs, la zone euro est déjà revenue au SME avec des *spreads* (écarts de taux d'intérêt) sur les obligations souveraines qui remplacent les marges de fluctuation et des dévaluations qui sont transformées en défauts.

Le problème se trouverait dans la formation du cours de change de ces nouvelles devises. Les résidents des pays sortants recevraient une quantité de monnaie nationale en lieu et place de leurs avoirs en euros. L'euro ne serait donc pas remplacé par un panier de devises. Cela s'appliquerait aussi aux comptes de ces résidents ouverts à l'extérieur de leur pays.

Le cours de change de la nouvelle devise serait déprécié de 20-30 %, voire plus pour la Grèce, par rapport à celui de 1999. Mais fixer un cours de change est complexe : les pays sortants seraient partagés entre le désir d'un cours de change excessivement déprécié (pour stimuler leurs exportations) et une contrainte de crédibilité (pour éviter que leur nouvelle devise ne les empêche d'accéder au marché extérieur des capitaux).

L'intérêt d'une sécession monétaire, c'est de répudier ses dettes. Il faut donc convertir les dettes et créances existantes d'un pays qui quitte la zone euro (et qu'on suppose dénominées en euro) dans la nouvelle devise nationale. Il faudrait donc formuler un cours de change de départ et ensuite reconnaître que les créances du pays sortant exprimées en euro sont converties, avec pertes, dans cette nouvelle devise. Il en est de même pour les dettes du pays sortant, ce qui va entraîner une perte pour les créanciers étrangers, dont l'exemple grec est illustratif. Croire que les dettes et créances étrangères exprimées en euro d'un pays sortant garderaient une parité par rapport à leur contre-valeur en euro serait évidemment très naïf.

Afin de minimiser les pertes des créanciers étrangers, il faut que les dettes d'un pays sortant soient, tant que faire se peut, domestiques, c'est-à-dire financées par des créanciers nationaux. Un exemple simplifié illustre cette situation. Si la dette souveraine d'un pays est détenue intégralement par des créanciers étrangers et qu'elle est d'autorité convertie en une nouvelle devise dépréciée de 30 %, cela se traduit par une perte de 30 % à charge des créanciers étrangers. Si cette même dette est domestique à 80 %, cela n'entraîne une perte globale pour les créanciers étrangers que de 20 % fois 30 %, soit 6 %. C'est exactement ce à quoi la BCE s'est employée depuis huit mois, avec le concours des banques des pays faibles. Les prêts de la BCE ont été essentiellement utilisés par des banques espagnoles et italiennes pour racheter la dette publique de leur pays.

Pour minimiser les pertes de la sécession monétaire, il vaut mieux un euro plus faible afin d'atténuer le choc du décrochage de certaines devises ainsi que pour tempérer la réévaluation inévitable de l'euro-mark, devenu une devise forte, et donc pénalisée en termes de compétitivité extérieure. Singulièrement, un euro plus faible diminue aussi la probabilité d'un décrochage d'un pays comme l'Italie ou l'Espagne.

Échapperons-nous à ce scénario menaçant ? Les prochaines années nous l'enseigneront, mais l'absence d'ambition politique pour une structure européenne repensée ne l'exclut pas. Ce serait certes une mauvaise nouvelle pour l'euro, mais pas pour les pays qui quitteraient la zone, si la seule perspective économique qu'on leur impose avec un euro trop fort, c'est le chômage, l'austérité et une contraction de leur produit intérieur brut (PIB).

Paul Jorion : Tout cela me semble exagérément compliqué. Il vaut beaucoup mieux alors – même si c'est beaucoup plus radical – réaliser le fédéralisme de manière instantanée au cours d'un week-end : défaut de la zone euro dans son ensemble, accompagné d'une mutualisation de la dette et d'une unification fiscale de la zone. Le lundi matin, l'euro aurait été dévalué mais on repartirait sur une base assainie : soixante-cinq ans d'unification européenne ratée auraient été réparés d'un seul coup ! Ou alors l'Allemagne sauvera la zone euro dans son ensemble, mais de manière autocratique : sans avoir le sentiment qu'une dose importante de concertation soit nécessaire. En matière monétaire, je fais confiance à Jens Weidmann, le président de la Bundesbank, la banque centrale allemande. Il est un des très rares décideurs en ce moment qui comprennent véritablement comment fonctionne un système monétaire. Je n'ai jamais perçu de faille dans ses raisonnements.

Le changement ne peut-il pas venir de France plutôt que d'Allemagne ?

Paul Jorion : Je ne le pense pas. La France est dans une position économique difficile, sans véritable modèle économique encore pour le XXIe siècle, alors que l'Allemagne est en symbiose avec une grande partie de l'Europe de l'Est. La Pologne, en particulier, lui sert d'hinterland. La France est sur la défensive et, dans sa relation avec l'Allemagne, le rapport de forces lui est défavorable.

Vous défendez donc la position rigoureuse de l'Allemagne, c'est assez surprenant.

Paul Jorion : On ne peut pas essayer indéfiniment de sauver l'économie en sabotant complètement, pour y arriver, l'intégrité du système monétaire. Si l'on sacrifie le mécanisme monétaire, on perd tout pouvoir d'influer sur le système financier dans son ensemble. L'Allemagne va imposer ses modalités, mais elle s'est résignée à ce qu'aucun pays membre de la zone euro ne la quitte : elle ne poussera personne vers la sortie. Un jour, l'Allemagne fera même entrer la Pologne et d'autres nations d'Europe centrale. Les Allemands auront imposé le « Reich de mille ans ». Il aura été réalisé par d'autres voies que celles préconisées par Hitler : par la domination économique, mais ce sera cela. Dans un mémorandum de quelques pages daté du 1er décembre 1940, intitulé *Proposals to counter the German « New Order »*, Keynes, mettant entre parenthèses le fait que la Seconde Guerre mondiale n'a encore que six mois, brosse le tableau de l'après-guerre et du rôle qu'y jouera l'Allemagne. Il écrit ceci : « J'ai indiqué que, sous de nouveaux auspices, l'Allemagne sera autorisée à renouer avec cette part de leadership économique en Europe centrale qui découle naturellement de ses qualifications et de sa position géographique. J'imagine mal comment le reste de l'Europe pourrait espérer une reconstruction économique effective si l'Allemagne en est exclue et demeure une masse purulente en son sein ; une Allemagne reconstruite renouera nécessairement avec son leadership. Une telle conclusion est inévitable, à moins que nous n'ayons l'intention de confier la tâche à la Russie. » Comme nul ne l'ignore, la tâche ne fut pas confiée à la Russie, et l'Allemagne exerce du coup le leadership dont Keynes considérait qu'il lui était « naturel », alors même que Londres était chaque jour défigurée davantage par le Blitz et que la Bataille d'Angleterre durerait encore près de six mois. Emmanuel Todd serait désespéré de m'entendre dire cela, mais nous aurons sur le long terme une Europe fondée sur les valeurs de l'Allemagne.

Bruno Colmant : Je suis moins convaincu que Paul. On a tendance à surestimer la capacité de l'Allemagne à avoir une vision unique et autonome. L'Allemagne est un pays très hétérogène. Je ne pense pas qu'il existe une seule logique allemande. La logique catholique bavaroise n'a rien à voir avec la logique protestante du Nord.

Si vous deviez choisir l'un des modèles économiques, serait-ce le modèle allemand, le modèle scandinave ou alors un autre modèle ?

Paul Jorion : Pour moi, la solution passe par un modèle de sortie de crise par le haut : par la restauration d'un système monétaire international. Celui que nous avions est mort, on le sait, en 1971, quand Nixon a dénoncé les accords de Bretton Woods de 1944, accords qui avaient entériné la position défendue à l'époque par les États-Unis, à savoir avec le dollar comme monnaie de référence : la seule ayant une parité-or, les autres se définissant par leur taux de change par rapport au dollar, celui-ci pouvant être ajusté par la dévaluation ou la réévaluation.

Il a fallu attendre les années 1960 pour que Robert Triffin (1911-1993) explique pourquoi ce système ne pouvait en réalité pas marcher : le dollar servait à la fois de monnaie domestique aux États-Unis et de devise d'échange sur les marchés internationaux. Or, une monnaie doit être le reflet d'une certaine richesse définissable avec précision : elle ne peut pas en refléter deux, comme on le lui demandait.

En 1944, l'économie des États-Unis représentait 70 % de l'économie mondiale, ce qui veut dire qu'elle constituait effectivement une assez bonne approximation de l'ensemble. Mais, quand l'économie mondiale est repartie avec la reconstruction, c'est devenu avec chaque jour qui passait un peu moins vrai.

On devrait revenir à cette bifurcation de Bretton Woods, tirer les conséquences du fait que le mauvais choix a été fait à l'époque et s'inspirer maintenant des propositions que Keynes avait avancées sans succès à ce moment-là au nom de la Grande-Bretagne. Keynes prônait un système d'échanges entre nations où le règlement des importations et des exportations se réalise par l'intermédiaire d'une chambre de compensation internationale multilatérale, avec une monnaie de compte commune qui est le *bancor*.

Le monde que Keynes imaginait était un monde « pacifié », comme il le disait, sur le plan économique, où il n'y aurait pas comme aujourd'hui une Grèce humiliée et une Allemagne exportatrice nette, c'est-à-dire qui exporte plus qu'elle n'importe, triomphante et drapée dans sa vertu.

Les monnaies nationales auraient avec le *bancor* une parité fixe, mais révisable annuellement, avec réévaluation de la devise nationale en bout d'année pour les exportateurs nets et dévaluation dans le cas des importateurs nets. Ce réajustement permettrait à chaque nation de repartir l'année suivante sur une base assainie.

Aujourd'hui, tout pays doit trouver un équilibre entre son marché intérieur et son marché extérieur. C'est Martin Wolf, le chroniqueur du *Financial Times*, qui avait posé la question : « Emmanuel Kant n'était-il pas allemand ? N'était-ce pas lui qui avait évoqué l'*impératif catégorique* ? L'idée qu'une règle éthique doit pouvoir être appliquée par tous simultanément ? » Or, tous les pays ne peuvent pas être exportateurs nets simultanément, c'est impossible : il faut des importateurs nets pour absorber les excès d'exportation de ces exportateurs nets.

La position de l'Allemagne rappelle ce que disait l'auteur américain Garrison Keillor à propos de Lake Wobegon, la petite communauté idyllique qu'il met en scène dans ses romans : « Tous les enfants y ont des notes supérieures à la moyenne. »

Sur la question de l'emploi : on s'efforce en Allemagne de former les jeunes dans la perspective des emplois qui sont disponibles – nous aurons l'occasion d'en reparler. Après la réunification, les Allemands de l'Est n'auraient pas compris et admis que le travail ne soit pas assuré pour la quasi-totalité de la population. C'est l'un des éléments, avec l'accès gratuit à la santé, qui reste comme un élément positif dans l'esprit de tous ceux qui ont vécu sous des régimes communistes. Cela explique d'ailleurs la résurgence d'un courant favorable à une sorte de néocommunisme dans des pays comme la Roumanie, en raison de la déception qui succède maintenant à l'euphorie initiale.

Mais, s'il y a du travail pour tous en Allemagne, beaucoup de ces boulots ne sont pas très gratifiants. On préfère mettre les gens au travail plutôt que de les voir sans emploi : on leur fournit une occupation et des revenus sous forme de salaire plutôt que sous forme d'allocation de chômage. Un choix est fait entre l'insatisfaction qui découle d'un emploi peu attrayant et la dépression nerveuse qui découle du chômage. Le choix est fait en faveur du premier. C'est un choix entre deux maux, mais il a l'avantage aussi de pouvoir se perpétuer sans angoisse excessive, alors que les allocations de chômage s'accompagnent d'une culpabilisation et ont toujours une fin. Cela nous ramène à une question centrale : comment assurer le travail, et les revenus qu'il produit, quand des machines et des logiciels remplacent inexorablement les travailleurs ? Nous devrons y revenir.

Être le meilleur économiquement en terrassant les autres joueurs n'est pas une solution de long terme. La priorité est de convaincre les Allemands qu'être un exportateur net, ce n'est pas être vertueux et exemplaire, c'est créer délibérément un problème que les autres pays doivent résoudre. C'est du même ordre que les Américains, dont je viens de parler, qui répandent leurs dollars sur les marchés, en disant que ce qu'il faut en faire n'est pas leur problème. Ce n'est pas tenable sur le long terme. Ni le dollar monnaie de référence ni l'Allemagne exportateur net ne remplissent la condition à remplir pour être un *impératif catégorique* : que tout le monde puisse appliquer le principe simultanément.

Bruno Colmant : Un modèle économique se définit de manière inductive et civilisationnelle par rapport à des courants historiques profonds. Un modèle n'est pas copiable en l'état, car il s'agit d'une construction qui s'est réalisée au cours de l'histoire. Je ne sais donc pas vraiment vers quel modèle pencher, mais il me semble que le modèle actuel ne crée pas assez d'osmose entre les classes sociales et entre les générations. Pour réaliser cette osmose, une plus grande redistribution tant du travail que du capital est nécessaire. Le modèle allemand comporte de sérieux atouts, parce qu'il est plus collectif – c'est sa trame luthérienne – et aussi parce qu'il est respectueux tant du travail que du capital. En ce sens, il conduit à une meilleure osmose entre classes sociales et entre générations. L'Allemagne a réussi à éviter l'exclusion de certaines tranches d'âge ou de revenus. De façon naturelle, les sociétés ne conduisent pas à un modèle de redistribution sociale et générationnelle. Elles ont tendance, au contraire, à s'éclater et à se fragmenter.

En définitive, notre modèle d'État-providence comporte pas mal d'avantages. Il permet de mieux encaisser et de lisser les chocs de la crise. Malheureusement, ce modèle se développe au détriment des générations futures sur lesquelles on essaie de reporter la charge de la dette. Le modèle humaniste n'est ni celui de l'État ou des pouvoirs centralisés, ni celui de l'argent, mais celui de l'homme. C'est l'enseignement principal des Lumières. Cela conduit aussi au concept de l'économie de marché sociale, parfois qualifiée d'économie éco-sociale. La notion de flexisécurité, imaginée au sein des communautés nordiques, est peut-être l'un des reflets de cette troisième voie, qui est séduisante à de nombreux égards.

Pour en revenir à l'Allemagne, la Commission européenne s'est inquiétée à la fin de 2013 des déséquilibres allemands. L'Allemagne dégage un excédent jugé « excessif » de ses comptes courants, car supérieur à 6 % depuis 2007, et ne soutient pas assez sa demande intérieure. Les États-Unis et le FMI se sont ralliés aux critiques européennes. Réponse des Allemands : c'est comme si l'on demandait à l'équipe de football du Bayern Munich de s'affaiblir en s'alignant sans son meilleur joueur, Franck Ribéry.

Paul Jorion : Au lendemain de la Seconde Guerre mondiale, le message des autres nations européennes à l'Allemagne était clair : nous tolérerons votre retour au rang de grande nation, mais il est exclu que ce soit sur le plan militaire. Le plan industriel et commercial leur était clairement désigné comme celui où l'Allemagne pourrait s'épanouir. Les chanceliers allemands Konrad Adenauer (1876-1967) et Ludwig Erhard (1897-1977) mirent en application l'ordo-libéralisme des Walter Eucken (1891-1950) ou Franz Böhm (1895-1977). C'est comme cela que l'Allemagne de l'Ouest a pu reconstituer sa puissance. C'est ce qui lui a aussi permis de réussir la réunification avec l'Allemagne de l'Est après 1989. Grâce, il faut le souligner, à la bienveillance du reste de l'Europe à son égard dans ce projet, et au soutien actif qui lui a été offert. La gratitude est toujours, malheureusement, une marchandise rare : on remercie au moment même, puis on oublie rapidement, on se convainc qu'après tout on aurait très bien pu s'en sortir tout seul !

Bruno Colmant : Demander aux Allemands de réduire leurs excédents, c'est mettre en question l'existence même de l'euro. Depuis les guerres napoléoniennes, un immense contentieux existe entre l'Allemagne et la France. Ces deux derniers siècles, Français et Allemands ont dû régler des questions territoriales et monétaires importantes. La France a toujours reproché à l'Allemagne le paiement de dommages excessifs après sa défaite de 1870, tout en n'ayant jamais obtenu de juste compensation pour les guerres de 1914-1918 et encore moins de 1940-1945. De son côté, l'Allemagne reproche à la France d'avoir conduit le pays à sa ruine : de l'hyperinflation de 1923 au défaut de 1933, en application du traité de Versailles de 1919. Cela va même plus loin que la monnaie : les territoires français et allemand ont été délimités par des négociations monétaires : l'Empire allemand fut signé par Bismarck à Versailles en 1870 au prix d'énormes dommages de guerre, tandis que le soutien européen à la réunification allemande de 1990 fut négocié en échange de l'entrée de l'Allemagne dans la zone euro.

Après la réunification, on a voulu contraindre la prédominance économique prévisible de l'Allemagne, en l'engluant dans une monnaie unique et donc en diluant son importance dans un agrégat plus ample. Mais, comme l'euro est une monnaie artificielle, il ne faut pas s'étonner de la situation actuelle. Les balances commerciales ne sont le reflet que de problèmes et de déséquilibres qui auraient dû être réglés par une dévaluation du franc français et une réévaluation du mark. Paul qualifie cela d'impérialisme. Effectivement, on peut parler d'un impérialisme économique. Mais il faut reconnaître que l'on demande aux Allemands de faire quelque chose qui constitue une double négation de leur singularité. On a les poussés dans une monnaie unique qui ne leur convient pas, et on les prie aujourd'hui de modifier leurs attributs commerciaux parce que cette monnaie ne convient plus aux autres pays. C'est tout de même un singulier paradoxe.

Le gouvernement allemand de coalition, qui s'est installé à la fin de 2013, peut-il corriger le tir avec l'instauration d'un salaire minimum, susceptible de soutenir la demande interne ?

Paul Jorion : C'est un geste qui vise à démontrer que la compétitivité ne sera pas là en principe absolu. Mais attention, car ce salaire minimum sera négocié branche par branche. La compétitivité, c'est ce que j'ai l'habitude d'appeler ironiquement l'« alignement des salaires sur ceux du Bangladesh », pour attirer l'attention sur le fait qu'il s'agit d'un « moins-disant salarial », de la même nature que le « moins-disant fiscal » international qu'engendrent les paradis fiscaux. Le salaire minimum, comme la compétitivité, soulève la question plus générale de la répartition de la nouvelle richesse créée. Il y a trois composantes à cette valeur ajoutée, à la rétribution des « avances », comme disait François Quesnay au XVIIIe siècle : premièrement, la rétribution du capital ; deuxièmement, la rémunération des patrons ; troisièmement, les salaires. Or, une seule de ces trois composantes est considérée par principe comme négociable : le niveau des salaires. Uniquement lui. Les deux autres postes ne le sont pas par définition, sous prétexte que les salaires sont comptabilisés comme « coûts » alors que la rétribution du capital et la rémunération des patrons sont comptabilisées, elles, comme des parts de « bénéfices ». Il ne s'agit là que d'une convention comptable, mais elle est, comme on le constate, très loin d'être innocente ! Quand il s'agit de se serrer la ceinture, il n'est absolument jamais envisagé de baisser le taux d'intérêt consenti aux prêteurs et les dividendes accordés aux actionnaires, ni non plus les salaires souvent extravagants de la direction des entreprises, leurs bonus faramineux ou leurs stock-options ; ceux-là sont considérés comme ni compressibles, ni négociables !

En France, en 2010, les gains dus aux stock-options représentaient 43 % des revenus du 1 % le mieux rémunéré. Or, ces gains tombaient dans la catégorie privilégiée du point de vue fiscal des « gains exceptionnels ». Des gains qui peuvent représenter 43 % de la rémunération sont effectivement exceptionnels, mais pas au sens qu'envisageait le barème du Code des impôts !

Il n'existe plus de boussole à la redistribution de la nouvelle richesse créée : seul intervient encore le rapport de forces entre les détenteurs du capital (les « capitalistes » à proprement parler), les dirigeants d'entreprise et les salariés. C'est ce rapport de forces qui décide de qui recevra combien. Devinez qui se retrouve perdant parce que le chômage structurel exacerbe la concurrence entre les représentants de sa classe ? On voit même aujourd'hui des entreprises qui empruntent pour verser des dividendes. C'est tourner en ridicule le principe historique que les dividendes constituent des parts de bénéfice ; comme si on l'avait totalement oublié et que ça n'avait plus aucune importance.

Quelles sont ces entreprises qui empruntent pour verser des dividendes ?

Paul Jorion : Elles sont nombreuses, car elles profitent des taux bas. Aujourd'hui, les principes généraux du fonctionnement d'une économie sont mis entre parenthèses : on verse des dividendes sans qu'il y ait de bénéfices, les banques centrales créent de la monnaie sans que cela corresponde à une création de richesses… À mes yeux, on a oublié au fil du temps quelques valeurs fondamentales, par exemple que les dividendes se distribuent à partir du surplus bénéficiaire, que les bonus attribués aux dirigeants doivent être le reflet de la bonne santé de l'entreprise, que l'actionnaire n'est pas propriétaire de l'entreprise, mais un investisseur qui lui accorde une « avance » au sens de Quesnay, etc. Quand l'opinion publique britannique s'indigna en 2014 qu'Antony Jenkins, le patron de la Barclays, augmente les bonus au sein de sa banque de 200 millions de livres alors que les bénéfices avaient diminué en 2013, il offrit comme justification que des bonus en baisse « détériorent l'image de marque » et « déclenchent une spirale mortifère ». C'était pourtant lui qui avait affirmé au moment de sa nomination en août 2012 que, sous sa direction, la banque renouerait avec les exigences éthiques de la tradition quaker dont elle est issue…

La France peut-elle s'inspirer de certains éléments du modèle allemand ?

Paul Jorion : Je ne vois pas comment la France pourrait s'inspirer de l'Allemagne. Ce sont deux pays très différents économiquement. La France a un plus grand marché intérieur que l'Allemagne. Et le centralisme français, contrairement à ce qu'il est à la mode de dire, fonctionne plutôt bien. Quand on s'aventure trop loin dans le régionalisme, on favorise les rêves de grandeur des notables provinciaux. Voyez ce qui s'est passé dans les relations entre la banque Dexia et les collectivités locales. On a vu apparaître une combinaison toxique entre, d'une part, une banque dont l'attention était centrée autrefois sur l'intérêt de ses clients, mais qui était devenue accro au profit sans limite (la philosophie que lui avait insufflée l'inspiratrice de ses nouveaux « crédits structurés » : la banque JP Morgan), et, d'autre part, les petits potentats locaux, forts de la récente décentralisation, qui sont allés contracter des prêts liés à des opérations de *swap* de change contre des devises étrangères comme le franc suisse. Comment a-t-on pu accepter que de petites villes françaises s'aventurent à contracter de tels prêts toxiques qu'elles étaient bien incapables de maîtriser, comme on a pu le constater ensuite ?

Bruno Colmant : La France est effectivement centralisatrice. C'est d'ailleurs typique des sociétés catholiques. Le modèle de consensus à l'allemande ne semble pas transposable.

Mais la formation des jeunes telle qu'elle est pratiquée en Allemagne peut constituer une bonne source d'inspiration, non ?

Bruno Colmant : Oui, mais la France reste dominée par ses strates sociales, ses grandes écoles…

L'Allemagne est bien plus pragmatique avec le phénomène d'apprentissage éducatif qui permet aux jeunes de s'incorporer dans le monde professionnel. L'Allemagne crée un meilleur partenariat social. C'est la clé du succès du modèle allemand.

Et ce fameux modèle scandinave qui est souvent pris comme exemple ?

Bruno Colmant : Chaque fois que quelque chose ne fonctionne pas chez nous, on nous parle des bienfaits du modèle scandinave. Leur atout indéniable, c'est ce concept de « flexisécurité ». Mais je pense qu'il s'agit d'une partie d'un modèle plus général qui repose sur le consensus, couplé à leur mode d'organisation étatique. Un modèle qui finalement se rapproche assez fort de celui de l'Allemagne.

Paul Jorion : Ce sont aussi des pays de plus petite taille en termes de population. Leur modèle n'est pas toujours transposable à des pays plus importants. Je pointe aussi leur protestantisme, pour qui une décision qui n'est pas prise à l'unanimité est toujours d'une certaine manière considérée comme une mauvaise décision.

Malgré d'énormes difficultés économiques dans certains pays, il n'y a pas encore eu de véritable explosion sociale. N'est-ce pas un peu paradoxal ? C'est comme si le modèle actuel faisait preuve d'une certaine résilience.

Bruno Colmant : Les gens sont peut-être moins politisés et plus résignés qu'auparavant. Regardez les États-Unis, où la différence entre les riches et les pauvres a conduit à un emballement de l'économie. Les pauvres veulent devenir riches et ne veulent pas contester la classe qu'ils désirent rejoindre.

En Europe, les classes sociales sont beaucoup moins stratifiées qu'auparavant, lorsqu'il y avait les agriculteurs, les ouvriers, les employés... Tout cela a disparu. Et la relation à l'État est devenue multipolaire. On reçoit de l'État et on est redevable à l'État. On balance en permanence entre le rôle de débiteur et celui de créditeur : on paie des impôts, mais on reçoit des allocations. Or, toute révolution ne peut venir que d'un groupe extérieur au système. Or, ici, nous sommes tous dans le système.

Paul Jorion : Tout peut aller très vite. Personne ne peut dire qu'une révolution n'aura pas lieu. Quelle sera la réaction des gens si un jour on vient frapper à leur porte et qu'on leur dit, comme ce fut le cas en 1789 : « Une foule en colère s'est rassemblée devant la Bastille » ? Se joindront-ils aux autres ou resteront-ils assis devant leur poste de télé ? La réponse n'est pas évidente, mais une chose est certaine : il est impossible d'affirmer qu'ils n'iront sûrement pas !

III

Le piège de la dette publique

La crise bancaire de 2008 a eu un impact direct sur les dettes des États, obligés de secourir leurs banques. Et la dette n'a cessé de gonfler depuis lors. À la fin de 2013, le ratio de la dette publique par rapport au produit intérieur brut (PIB) s'établissait à 92,6 % dans la zone euro. La Grèce battait tous les records avec 175 % de dette, devançant l'Italie et le Portugal (130 % environ). La Belgique se situait au-delà des 100 % et la France s'en rapprochait progressivement (93,5 %). La cote d'alerte semble bel et bien atteinte. Paul Jorion et Bruno Colmant ont des vues assez différentes sur ce problème de la dette et sur la manière de le résoudre.

Il est paradoxal de constater qu'aujourd'hui, avec une dette de 92,6 %, la zone euro ne pourrait pas intégrer... la zone euro. Nous sommes en effet très éloignés des 60 % requis par le traité de Maastricht. Aujourd'hui, la zone euro devrait consacrer un an de sa production pour rembourser sa dette. Est-ce tenable ?

Bruno Colmant : Et les chiffres qui sont cités ne tiennent même pas compte du surcoût des pensions lié à une espérance de vie plus longue !

Toute dette doit être mesurée de manière prospective. Il s'agit d'évaluer sa soutenabilité ou supportabilité dans le futur et de mesurer la prospérité qu'elle est censée avoir créée. Si un pays affiche une dette de 200 % du PIB, mais que l'on y découvre par exemple un important gisement de pétrole, le problème est évidemment moins aigu. Mais si la soutenabilité n'est pas assurée, cette dette peut être remise en cause et disqualifiée. Dans la zone euro, je pense que l'on ne pourra pas imposer cette soutenabilité aux générations futures.

Paul Jorion : À mes yeux, toute évaluation de la dette en pourcentage du produit intérieur brut, qui est un index de l'activité économique, est privée de signification. Ce ratio permet de comparer entre elles les nations, mais pas de la manière qu'il faudrait. En période de récession, le PIB va baisser et le ratio augmenter mécaniquement, ce qui dramatisera le chiffre de la dette exprimée en pourcentage de PIB, sans compter un effet pervers supplémentaire, un véritable cauchemar mathématique : pour que ce ratio ne se détériore pas, il faut que le taux de croissance soit supérieur au taux d'intérêt « moyen » auquel la dette souveraine a été contractée. Quand je dis taux « moyen », c'est le taux d'intérêt pondéré en fonction du montant des emprunts qui ont été faits et du temps qui reste à courir sur chacun d'eux. En finance, on parle de taux associé à la « duration », qui est le *centre de gravité* dans le temps de la dette souveraine d'une nation.

Autrement dit, quand le PIB baisse, il faut, pour que la dette exprimée en pourcentage de PIB ne s'aggrave pas, que la croissance augmente. Oui : on a bien entendu ! « Quand le PIB baisse, il faut, pour que la situation ne s'aggrave pas, que la croissance soit à la hausse », ce qui est bien entendu un non-sens : un PIB en baisse, cela veut dire nécessairement que la croissance est négative, et certainement pas qu'elle augmente ! C'est ce délire mathématique que l'on qualifie pompeusement de « règle d'or » et que l'Allemagne est allée inscrire, on croit rêver, dans sa constitution… et cherche depuis à imposer aux autres pays de la zone euro ! Le fait que ce soit un non-sens du point de vue mathématique, et qui dicte des conditions impossibles à remplir, ne dérange jusqu'ici absolument personne ! Il ne faut donc pas croire que, parce que l'on est économiste, on comprend forcément comment fonctionne une équation !

Ce choix du ratio dette/PIB comme référence s'explique avant tout par des raisons historiques, et non pas économiques ou mathématiques. À la fin de la Seconde Guerre mondiale, la quasi-totalité des pays du monde avaient perdu la capacité d'évaluer leurs recettes fiscales ; on a alors – provisoirement, pensait-on – évalué la dette par rapport à un chiffre que l'on arrivait encore à évaluer : le produit intérieur brut.

Il aurait fallu à partir de 1950 recommencer à comparer le *service de la dette*, c'est-à-dire l'argent qu'un État doit dépenser chaque année pour respecter les engagements qu'il a pris en raison de sa dette, avec ses rentrées fiscales, autrement dit avec l'argent qu'il parvient à collecter. Ce qu'on appelle le *service de la dette*, ce sont tous les paiements qui lui sont liés : versements d'intérêts aux acheteurs d'obligations, c'est-à-dire aux prêteurs, et remboursement de la somme avancée lorsque l'emprunt arrive à maturité, c'est-à-dire à échéance ; quand on parle de la *charge de la dette*, il s'agit seulement du versement des intérêts.

Le PIB reste, par ailleurs, une notion peu fiable. Il comptera bien entendu en positif le fonctionnement d'une usine, mais aussi la destruction d'une usine mal construite. Vous bâtissez une usine, le PIB augmente de X ; maintenant vous la démolissez parce qu'il y a un défaut structurel, le PIB augmente de Y ; maintenant vous la reconstruisez, le PIB augmente une seconde fois de X, etc. Le PIB ne tient pas compte non plus ni de la fraude fiscale ni de l'évasion fiscale. On pense que tout ce qui apparaît au PIB va se retrouver reflété en termes de revenus pour l'État, mais prenez les entreprises françaises : elles sont quatre dans l'indice boursier CAC 40 à ne pas payer d'impôts.

Le déficit d'un pays doit être examiné par rapport à ses rentrées annuelles, exactement comme pour un ménage : il faut comparer ce qui sort de la caisse à ce qui y rentre. Pour un pays, il faut évaluer le chiffre du service de la dette par rapport à celui des rentrées fiscales. Il faut noter qu'on obtient ainsi un ratio qui, tout comme le ratio déficit ou dette/PIB, permet de comparer les nations entre elles. Quand on fait ce calcul, on se rend compte que le seul paiement des intérêts représente déjà en soi une somme effrayante par rapport aux recettes fiscales… et qu'il y a parfois des surprises : les pays prétendument « vertueux » ne le sont pas nécessairement. Comparez, par exemple, le ratio service de la dette par rapport aux recettes totales pour la France et pour l'Allemagne : 13,4 % pour la France, 23,38 % pour l'Allemagne. Quelle est, des deux, la nation la plus vertueuse ?

Comparaison des principaux ratios finances publiques – France, Belgique, Suisse, Allemagne (chiffres 2012 en euros courants ; conversion CHF/€ sur base du taux de change moyen 2012)

	Belgique	**Suisse**	**France**	**Allemagne**
PIB (en milliards d'€)	375,88	491,04	2 032,29	2 666,4
Dette publique (en milliards d'€)	375,12	171,24	1 833,81	2 160,19
Dette publique (en % du PIB)	99,8	35,7	90,2	81
Impôts sur la production et les importations (en % du PIB)	12,9	6,5	15,4	11,2

	Belgique	Suisse	France	Allemagne
Impôts courants sur le revenu et le patrimoine (en % du PIB)	16,5	14,5	12	12
Cotisations sociales (en % du PIB)	17,1	6,9	19	16,8
Recettes totales des administrations (en % du PIB)	51	33,8	51,8	44,8
Recettes totales des administrations (en milliards d'€)	191,7	165,97	1 052,73	1 194,75
Charge de la dette (intérêts en milliards d'€)	7,98	1,877	48,77	35,45
Service de la dette (intérêts + amortissement en milliards d'€)	40,54	n. d.	146,67	279,37
Ratio charge de la dette/recettes totales	4,16 %	1,13 %	4,63 %	2,97 %
Ratio service de la dette/recettes totales	21,15 %	n. d.	13,4 %	23,38 %

Sources : Eurostat, agences de financement nationales

Aux États-Unis, au train où vont les choses, en 2020, les rentrées fiscales ne représenteront plus qu'un quart des dépenses de l'État fédéral ; en 2025, les recettes ne permettront plus de couvrir qu'un seul poste budgétaire, précisément le *service de la dette*, le versement des intérêts et les remboursements de la dette souveraine.

Quand on voit de tels chiffres, on comprend immédiatement pourquoi je suis partisan d'un défaut généralisé de la zone euro : les pays s'épuisent en ce moment dans le service de leur dette. La pente est tout simplement impossible à remonter.

Bruno Colmant : Je me demande si nous ne sommes pas déjà dans une situation de défaut de paiement. La dette publique est peut-être déjà devenue une fiction. Cette dette publique constitue, pour les créanciers, un capital. Mais, contrairement à un capital qui représente du travail passé progressivement épargné, la dette publique représente aussi un prélèvement sur le travail futur. Plus spécifiquement, le créancier de l'État lui prête avec de l'épargne du travail passé, tandis que l'État (le débiteur) rembourse sa propre dette grâce à un prélèvement fiscal sur le travail futur. C'est logique : la dette publique est garantie par la capacité de l'État à lever des impôts portant, entre autres, sur les revenus professionnels futurs. En s'endettant, l'État demande donc à des créanciers de lui faire crédit au motif qu'il sera capable d'exiger un prélèvement sur la création de richesse de ses futurs contribuables. C'est ainsi que Marx considérait que la dette publique était sans lien nécessaire avec le processus de production de capital et qu'elle n'était pas un titre sur du capital réel. Il l'assimilait à un capital fictif parce qu'il en voyait l'extinction dans la révolution, état préalable à la victoire du prolétariat. Aux yeux de Marx, cela allait même plus loin : comme la dette publique est un travail passé accumulé gagé par un travail futur, cette même dette devait être annulée par la négation de la propriété privée, qu'il percevait comme un obstacle à l'égalité sociale. Le nihiliste Proudhon n'avait pas une vision très éloignée. Quand on prolonge l'analyse marxiste, on doit immanquablement dresser le parallèle entre la dette publique et la monnaie. La monnaie est une dette financière, tandis que la dette publique est une dette sociale. Comme la dette publique, la monnaie est souveraine. Et, bizarrement, nous opérons la même confusion mentale avec la monnaie qu'avec la dette publique : nous conceptualisons la monnaie comme un acquis privé, alors qu'elle reflète un bien public.

Et, quoique nous en soyons les débiteurs individuels, nous visualisons la dette publique comme une obligation collective qui nous est étrangère, alors que nous bénéficions des biens publics. Comme la dette publique, la monnaie mesure la stabilité de l'agencement économique. En effet, une monnaie faible reflète un pays moins compétitif, et inversement. Pour cette raison, la crédibilité monétaire découle rarement d'un acte d'autorité. La garantie de la monnaie est plutôt un état de confiance. Mais l'effarante réalité, c'est que lorsque la dette publique est trop importante, ce ne sont plus les créanciers qui obligent les débiteurs : ce sont les débiteurs qui imposent des effacements de dettes à leurs créanciers. C'est pour cela que l'excès d'endettement public met irrémédiablement en péril la monnaie. Pour résorber la dette, il faut soit dévoyer la monnaie (c'est-à-dire créer de l'inflation), soit effacer les dettes, comme lors du défaut grec ou de la confiscation des dépôts bancaires chypriotes.

J'avais espéré qu'une hausse de l'inflation aurait pu constituer la voie pour un allégement de la dette. D'autant que nous sommes aussi en situation de répression financière avec le maintien par les autorités de taux d'intérêt très bas. L'inflation aurait été compatible avec des taux d'intérêt faibles, comme l'a montré l'Angleterre après la guerre. Mais, si ce n'est pas possible, il faut se résoudre à un rééchelonnement des emprunts, voire à un défaut pur et simple.

Mais un défaut de paiement, ce serait une catastrophe pour les banques qui détiennent la dette, mais aussi pour les particuliers, rentiers ou non, qui détiennent des obligations étatiques.

Paul Jorion : C'est toutefois la seule façon de remettre les compteurs à zéro et de repartir sur des bases assainies. De toute manière, le défaut de paiement est déjà à mes yeux la réalité sous-jacente.

Bruno Colmant : Il est intéressant de noter que les rentiers ne constituent plus une classe sociale segmentée, puisque nous sommes tous débiteurs et créanciers d'un système d'impôts, de cotisations, de transferts sociaux et de pensions. De surcroît, si la solution est d'appauvrir les rentiers, ces derniers sont dilués dans toute la population au travers de systèmes de pensions et de protection fondés sur la répartition collective et non pas sur la capitalisation individuelle.

En d'autres termes, la dette publique a « déstratifié » les classes sociales. Nous sommes solidairement liés les uns aux autres dans un inextricable imbroglio intra- et intergénérationnel, à savoir un schéma sociologique compliqué qui assure un certain ordre social en empêtrant chaque citoyen dans une relation complexe à l'État.

Mais les prochaines générations vont-elles accepter l'héritage des dettes publiques sans exercer un droit d'inventaire ? Je ne le pense pas.

Pendant longtemps, j'ai cru que la fin de l'État-providence allait découler d'un choc de marché d'une envergure comparable à celui qui fut traversé en 1979-1981. Mais j'ai peut-être commis une erreur de jugement en ce que la crise actuelle met le modèle social global en question. Au risque d'être mal guidé par mon intuition, nous entrons peut-être dans des turbulences idéologiques. Comme la protection professionnelle est fondée sur un système d'assurance collective, elle-même bâtie sur l'emprunt public, la résorption de ce dernier pourrait inciter certains à évoquer une étatisation accrue de toute l'économie.

L'État devrait, par exemple, conserver une forte tutelle sur le secteur financier pour canaliser l'épargne populaire vers son propre financement. En bonne logique intuitive, le système d'État-providence risquerait de se transformer en piège financier pour toute la population, et non pas pour certaines classes de contribuables.

Comment pourrait se dérouler ce défaut de paiement européen dont vous parlez ? La décision serait-elle prise lors d'un week-end après une réunion de crise ?

Paul Jorion : Oui, comme je l'ai dit, cela se ferait inévitablement au cours d'un week-end, quand les marchés financiers sont fermés. Mais cela demanderait une longue préparation. Et, parallèlement à cette décision de défaut généralisé, il faudrait simultanément unifier le système budgétaire et fiscal européen et mutualiser la dette pour en faire une dette européenne unifiée. Les dettes nationales auraient cessé d'exister, il n'y aurait plus qu'une seule dette : la dette globale de la zone euro. Elle s'émettrait à un taux unique par maturité et s'achèterait et se vendrait également sur le marché secondaire des instruments de dette à un taux unique, ce qui est bien entendu le principe qui prévaut pour toute dette souveraine et qui aurait dû prévaloir pour l'euro depuis sa création en 1999.

La prime de crédit comprise dans le taux serait celle d'une dette souveraine saine, sans risque de défaut, sans risque de restructuration ou de rééchelonnement, c'est-à-dire une *prime de crédit* de 0 %. En fait, exactement comme pour l'Allemagne aujourd'hui. De même, il n'y aurait pas non plus, comprise à l'intérieur de ces taux par maturité, de *prime de conversion* en une autre devise, comme celle qui accable aujourd'hui dans la zone euro les dettes souveraines des pays dont on craint qu'ils ne doivent un jour la quitter et qui devraient s'acquitter alors de leurs engagements dans leur ancienne devise (drachme, escudo, punt, peseta ou lire), nécessairement fortement dévaluée à la suite de la sortie de la zone euro du pays en question et de son défaut sur sa dette.

C'est le message qu'il faut faire passer à l'Allemagne. Lui rappeler que les autres pays ont fait un sacrifice pour permettre la réunification allemande, mais que, cette fois-ci, c'est l'Allemagne qui doit se montrer solidaire. J'ai déjà expliqué ce point de vue sur une radio allemande et les réactions ont été très positives dans la presse. Un chroniqueur dans l'un des grands quotidiens allemands a d'ailleurs suggéré au président de la République de me rencontrer…

Bruno Colmant : Je penche pour des solutions nationales, comme cela a été le cas pour la Grèce ou Chypre. On pourrait se dire que, la monnaie étant unique, le défaut doit être généralisé. C'est le point de vue de Paul. Pour ma part, je considère l'euro comme une monnaie artificielle. Nous n'avons jamais connu un fédéralisme budgétaire et fiscal. L'union économique et monétaire est redevenue centrifuge. Les dettes publiques ont par ailleurs « remigré » vers les pays d'origine. C'est une tendance assez lourde de ces dernières années, notamment pour éviter un risque systémique. Les dettes sont revenues dans les mains de créanciers nationaux. Tous ces éléments me laissent à penser que des solutions nationales de défaut seront privilégiées.

Paul Jorion : Le retour de la dette souveraine dans le système financier local des pays en crise de la zone euro s'est fait par un mouvement naturel : comme les banques locales et l'État s'entraînent mutuellement dans leur chute, la *prime de crédit* comprise dans le taux d'intérêt (le « coupon ») de la dette souveraine ne compte pas localement. Et la *prime de conversion* ne joue évidemment pas non plus : si le pays sort de la zone euro, l'État et les banques commerciales locales retourneront conjointement à l'ancienne devise. Ce qui fait que pour une banque domestique, sous l'angle purement pratique, la *prime de crédit* et la *prime de conversion* peuvent être engrangées comme un profit au lieu de devoir être réservées comme provisions à constituer en cas de défaut sur cette dette souveraine. Après le retour à l'ancienne devise, d'un point de vue local, tous les compteurs auront été remis à zéro.

En octobre 2013, un rapport publié par des experts du Fonds monétaire international (FMI) assurait qu'une taxe exceptionnelle de 10 % sur la richesse des ménages permettrait aux pays de la zone euro de ramener leurs déficits aux niveaux d'avant-crise. Est-ce le signe avant-coureur que des choses vont bouger ?

Bruno Colmant : C'est possible. N'oubliez pas que pas mal de Belges ont en mémoire l'opération Gutt, une opération de confiscation monétaire. Cette opération consista, en octobre 1944, à remplacer le papier-monnaie tout en bloquant les avoirs en banque et les comptes chèques postaux. L'objectif était de confisquer les bénéfices de guerre et de réduire la masse monétaire afin d'éviter l'inflation et de financer la dette publique. À l'époque, les citoyens reçurent, en échange de leurs billets, 2 000 nouveaux francs belges, le surplus étant transformé en emprunt forcé. La masse monétaire fut réduite d'environ 80 %.

Les États ne pourraient-ils pas transformer la dette existante en dette perpétuelle, c'est-à-dire une dette sans échéance ?

Bruno Colmant : Oui, mais je me demande si nous ne sommes pas déjà dans ce cas de figure, celui d'un défaut implicite, que je qualifierais de sociétal. Ma véritable inquiétude, c'est la dette publique. Il s'agit non seulement de la dette apparente, égale à une année de richesse nationale, mais aussi de la dette latente et différée du vieillissement de la population, des pensions légales et des soins de santé. Il faut honorer ces contrats moraux et collectifs. Mais on n'y arrivera pas sans avoir la lucidité de structurer des solutions à long terme, c'est-à-dire d'établir un nouveau contrat social et fiscal. La question n'est plus de savoir si les États de la zone euro sont en défaut : la plupart le sont dans la mesure où le poids des dettes publiques n'est plus transposable dans le futur. Ce n'est pas la dette en tant que telle qui importe, mais sa cohérence avec la prospérité et les revenus futurs. Cette dette ne finance d'ailleurs plus des investissements, mais des transferts sociaux. Au surplus, comment expliquer qu'une crise de l'endettement se règle à coups de rigueur budgétaire et de chômage, c'est-à-dire au détriment de ceux qui devront la rembourser ? Comment sortirons-nous de ce piège infernal ? Nombreux sont ceux qui invoquent la sortie « par le haut et par l'extérieur » de l'endettement public, c'est-à-dire par la croissance (qui diminue le poids relatif de la dette publique) ou par l'inflation (qui dilue la valeur de la dette). Malheureusement, il n'y a pas de croissance et l'obstination politique allemande écarte l'inflation. Concrètement, il faudra se préparer à un effacement des dettes dans des pays faibles. Ce ne sera pas un défaut généralisé de la dette européenne, mais des dissolutions et compensations nationales de dettes. La stupéfiante opération chypriote en est l'exemple parfait. Mais il y aura d'autres modalités : défauts (Grèce), annulation des dettes bancaires (Irlande) et confiscations (affectation obligatoire des pensions publiques au Portugal et réserves d'assurances en Hongrie).

Ce défaut sur la dette apparaîtrait comme un grand échec pour la zone euro. Cette création de l'union monétaire ne serait-elle en définitive qu'un pur gâchis ?

Paul Jorion : Je suppose qu'il faut dénoncer une certaine incompétence : les politiques n'ont pas compris comment fonctionne un système monétaire. L'alternative, c'est imaginer que l'on ait confié à l'optimisme uniquement le soin de faire émerger spontanément l'ensemble des éléments qui manquaient pour faire de l'euro un système monétaire viable !

Pour appuyer la thèse de l'incompétence, il y a le fait qu'un excellent exemple existait de ce qu'il aurait fallu faire : copier le mécanisme qui permet au dollar de fonctionner au sein du système fédéral qu'ont les États-Unis. Voyez le dispositif qu'on appelle Target2 au sein de la zone euro. Target2 est le système de compensation entre les différentes banques nationales de la zone euro et la Banque centrale européenne. C'est une sorte de version incomplète et maladroite du système qui règle aux États-Unis les rapports financiers entre les douze Federal Reserve Districts dans lesquels sont regroupés les cinquante États : l'Interdistrict Settlement Account. Target2 a copié ce système, mais en oubliant la partie du mécanisme qui permet de le rééquilibrer une fois par an en remettant les pendules à l'heure entre les différents districts. Target2, c'est l'histoire du couteau sans manche dont on a perdu la lame : on a mis en place un système de compensation et de réconciliation fédéral auquel il manque le fédéralisme !

Dans la zone euro, je crois qu'on a eu affaire à de l'incompétence combinée à de l'optimisme inconsidéré. On a imaginé que tout allait converger et s'uniformiser naturellement. Le projet politique primait d'ailleurs à ce point qu'on a fermé les yeux lors de l'intégration de l'Italie et de la Grèce, deux pays qui ne respectaient pas sur le plan de la dette les conditions d'entrée dans l'union économique et monétaire, en les autorisant à contracter des *swaps* de change trafiqués – pudiquement appelés *off-market* plutôt que « trafiqués », ce qui aurait fait mauvaise impression.

Quand ces *swaps* trafiqués sont apparus dans l'actualité, en février 2010, en raison d'une fuite savamment orchestrée dans l'hebdomadaire *Der Spiegel*, la question a été posée à Ben Bernanke, à la tête de la Fed, de savoir s'il fallait sévir à propos de celui que Goldman Sachs avait concocté pour la Grèce. Il lui a fallu plusieurs mois de réflexion avant de donner son verdict : « Non, je ne crois pas. » La réaction de Jean-Claude Trichet, alors président de la Banque centrale européenne, ne manquait pas de sel non plus : condamner la tricherie aurait été ne pas tenir compte, je le cite, d'« un marché très vulnérable dans la conjoncture actuelle », et il précisait que fournir l'explication de ce qui s'était passé, je le cite encore, « ajouterait à la volatilité et à l'instabilité ». Ce qui était incontestable ! Mais était-ce une raison suffisante pour cacher pudiquement la poussière sous le tapis ? La « transparence » n'est-elle pas prétendument la panacée qui nous permettra de ne jamais devoir réglementer la finance ? Mais quand il s'agit d'introduire de la transparence, le moment n'est apparemment jamais bon : le marché des capitaux sera prêt pour la transparence le jour où… les poules auront des dents ! Tout cela, c'est ce qu'on appelle de la *Realpolitik* : les couleuvres qu'on est supposé avaler de gaieté de cœur comme preuve de « pragmatisme » ou de « réalisme ».

Les honnêtes gens, eux, n'ont pas le luxe de se montrer « pragmatiques » ou « réalistes » de cette manière, mais la finance bénéficie d'extraterritorialité en matière d'éthique, c'est bien connu ! J'ai fait de cette extraterritorialité de fait l'objet de mon enseignement à la chaire « Stewardship of finance » à Bruxelles.

Bruno Colmant : L'Europe n'a jamais existé que dans le respect des différences. L'euro a mélangé des gens de sociologies tellement disparates. Il est presque incongru d'imposer 100 % d'homogénéité monétaire compte tenu de ces différences.

L'euro était un acte politique : la France voulait lier l'Allemagne dans une devise commune pour éviter que cette dernière ne devienne une superpuissance en Europe. Mais on ne résout pas un problème de prédominance potentielle, y compris militaire, par une solution monétaire. La preuve de notre échec, c'est que si c'était à refaire, on ne ferait plus l'euro.

IV

Quelle banque centrale pour l'Europe ?

Si une seule institution doit être épinglée dans cette crise qui frappe l'Europe depuis 2007, c'est bien la Banque centrale européenne (BCE). L'institution de Francfort qui pilote la politique monétaire européenne a joué un rôle central et déterminant pour sauver l'euro. Mais des questions subsistent. Le mandat de la BCE, actuellement centré sur la seule lutte contre l'inflation, n'est-il pas trop limitatif ? La BCE doit-elle davantage se préoccuper de l'emploi et de la croissance économique ? Doit-elle inclure des objectifs d'emploi dans son mandat, comme le fait la Réserve fédérale américaine ?

Au-delà de ce débat sur le contenu de son mandat, ce qui a particulièrement frappé, c'est le volontarisme de son président Mario Draghi en pleine crise. Lors de son fameux discours à Londres le 26 juillet 2012, Draghi s'est engagé à tout faire pour sauver l'euro : « Et croyez-moi, ce sera suffisant », a-t-il lancé. Les investisseurs ont vite compris le message : la BCE est prête à agir massivement, en rachetant des titres de dette, et cela sans limite. C'est la naissance du dispositif OMT (« Outright Monetary Transactions », ou opérations monétaires sur titres), qui n'a pourtant pas encore été activé. Mais, par un seul effet d'annonce, les taux d'intérêt des pays du sud de l'Europe ont reflué.

Que penser de l'action de la Banque centrale européenne et de son président Mario Draghi ?

Paul Jorion : Pour sauver la zone euro, Mario Draghi annonce des opérations OMT de rachat de dette. Mais il ne doit même pas les activer. C'est formidable, non ? (*Rires.*) En réalité, très peu de gens ont véritablement compris le message de Draghi, parce qu'ils ont été très peu nombreux à lire son discours en entier. Car Draghi a essentiellement dit, et très clairement, qu'il ne laisserait sortir aucun pays de la zone euro. Cela à la grande surprise de Jens Weidmann, le président de la banque centrale allemande (Bundesbank), qui, lui, a très bien compris Draghi et qui s'est demandé s'il était subitement devenu le président de l'Europe pour se permettre de prononcer de telles paroles. C'est d'ailleurs la question que s'est posée la Cour constitutionnelle allemande à Karlsruhe : peut-on continuer de confier en douce à des techniciens de la finance des décisions qui relèvent du politique, c'est-à-dire du pouvoir des élus ?

En excluant que l'on revienne à la drachme en Grèce, à la peseta en Espagne, à l'escudo au Portugal, à la livre en Irlande et à la lire en Italie, Draghi a fait tomber d'un coup à zéro la prime de conversion attachée au coupon des obligations de ces pays en difficulté. Jusque-là, les investisseurs devaient prendre en compte ce risque de conversion lié à un éventuel retour aux monnaies nationales et à un versement des intérêts et à un remboursement de l'emprunt, initialement contracté en euro, qui auraient lieu dans l'ancienne devise probablement très dévaluée alors. C'est cet élément-là qui a joué et qui a permis aux taux obligataires de ces pays de refluer ; le fait qu'un tel engagement de Draghi ait concordé avec l'annonce des OMT est plutôt de l'ordre de la coïncidence. Weidmann ne s'y est pas trompé : il ne serait pas monté sur ses grands chevaux pour une simple annonce de la mise en place du programme OMT, mais il s'est inquiété que Draghi fasse une déclaration solennelle sur l'avenir de la zone euro, une prérogative que devrait détenir seulement le politique.

Ce qui est clair en tout cas, c'est, comme on l'a vu à ce moment-là, qu'un peu de direction offerte à la zone euro remplace sans difficulté tout un nouveau dispositif monétaire ! Où sont les Mendès France, les Spaak dont nous avons tant besoin à la tête de l'Europe ? Au lieu des nains dont nous disposons à l'heure actuelle, qui devraient nous diriger, mais qui ne nous dirigent pas : qui gèrent à la petite semaine les contentieux qui sont nés du fait que la zone euro a été bâclée, en mettant entre parenthèses, comme l'a rappelé récemment Jacques Delors, tout ce qui faisait problème en 1999. Maintenant, dans un climat de rancœur et de méfiance réciproque, on s'efforce de mettre en place tout ce qui manquait au départ. On avait mis la charrue avant les bœufs !

Comme les dettes souveraines sont revenues pour leur plus grande part dans des coffres-forts nationaux et que les primes de risque de crédit et de conversion ont chuté, la zone euro a retrouvé un certain calme. Ce qui a permis d'ignorer un peu plus longtemps la solvabilité individuelle des pays. Mais on a simplement gagné un peu de temps : le problème est repoussé à plus tard. Un jour ou l'autre, la question de la solvabilité reviendra évidemment sur la table.

Bruno Colmant : Je dois avouer que je ne comprends pas toujours Mario Draghi. Il communique par anticipations… Ce n'est pas un discours très audible. Mais que dire alors de son prédécesseur Jean-Claude Trichet ? La BCE a fait des erreurs de jugement sous sa présidence. J'ai cherché la justification avancée par le banquier français pour augmenter les taux d'intérêt directeurs au printemps 2011. La raison invoquée : la peur de l'inflation. Deux ans plus tard, la BCE de Mario Draghi craint la déflation. Où est la logique ?

Jean-Claude Trichet s'est trompé. Il a ralenti la machine au moment où il fallait la soutenir. C'est dangereux d'avoir des gens qui prennent de telles postures sans pouvoir être soumis à un contrôle démocratique suffisant. Il faudrait donc accepter que l'on redonne le pouvoir aux banques centrales locales d'apprécier la situation de leur pays.

Il n'est pas acceptable que la BCE se limite à la lutte contre l'inflation alors que l'économie européenne est tombée en récession et que les États faibles, auxquels on impose une austérité mortifère, n'arrivent plus à se financer à des conditions soutenables ? Pourquoi ne décide-t-on pas que la BCE serve à financer une amorce de croissance (on parle de réflation ou de ré-inflation), à l'instar des États-Unis qui réindustrialisent leur économie en monétisant leur dette publique ? Derrière ces interrogations, plusieurs questions sont posées.

La première question porte sur l'indépendance de la BCE. Cette autonomie est tellement ancrée dans le postulat de l'euro qu'on la considère comme inviolable. Or, depuis cinq ans, la porosité entre les dirigeants européens et la BCE a dénaturé cette indépendance factice. Au reste, elle ressortit presque à l'imposture lorsque le président de la BCE met en cause le modèle social européen. Tout au plus faut-il voir cette indépendance comme un état démocratique imprécis, en sachant que, après toutes les crises, les banques centrales sont normalement replacées sous contrôle étatique. Il faudrait donc préciser, de manière transparente, la dépendance de la BCE plutôt que de la laisser évoluer dans des zones décisionnelles opportunistes.

Une seconde question, notablement plus importante, porte sur la compatibilité entre le niveau des dettes publiques et le rôle de la BCE. En l'absence de croissance, les dettes publiques sont devenues impossibles à rembourser avec une monnaie qui garde son pouvoir d'achat. Cette réalité est indépendante de l'existence de l'euro, mais la monnaie unique renforce cet antagonisme puisqu'elle est commune à des économies qui sont de plus en plus divergentes.

Liés par une monnaie unique, les pays européens faibles ne peuvent plus déprécier leur devise, alors qu'une dévaluation est un sain facteur d'ajustement. Il ne reste plus alors que l'austérité et la rigueur, qui sont des dévaluations « internes », c'est-à-dire réductrices de pouvoir d'achat. Or, ces dévaluations internes sont assassines dans des économies centrées sur la consommation intérieure, puisque cette dernière se contracte, aggravant la spirale infernale de la dette publique. Cela souligne l'inadéquation entre le niveau des dettes publiques et le mandat de la BCE.

Cette dernière devrait être autorisée, voire forcée, à refinancer directement des États, moyennant l'engagement de ces derniers de retrouver une trajectoire budgétaire acceptable. Or, ce refinancement est interdit par les statuts de la BCE. C'est une erreur fatale que l'histoire des vingt prochaines années jugera très sévèrement.

Dans quelques années, c'est-à-dire quand se sera accompli ce qui devra s'accomplir et que les chercheurs universitaires disposeront d'une base de données assez solide pour en extraire des conclusions statistiques, on s'interrogera sur le bien-fondé d'avoir étendu si rapidement l'euro, qui est devenu un substitut progressif au Deutsche Mark, à des pays faibles.

On constatera alors l'évidence, à savoir qu'une économie n'est pas disciplinée par une monnaie qu'on lui impose, mais que, au contraire, c'est la monnaie qui reflète la force d'une économie.

On sera perplexe devant le fait que l'euro ait escamoté la possibilité d'ajustements monétaires, pourtant sains, en remplaçant une dévaluation monétaire par une dévaluation interne, c'est-à-dire un appauvrissement tragique de la population, et une réévaluation monétaire par une stimulation de la consommation interne.

On soulèvera aussi la question de savoir comment une politique monétaire et budgétaire peut être homogène lorsqu'on l'applique à des économies très différentes.

Enfin, on se demandera pourquoi avoir imposé des politiques d'austérité inouïes à des pays faibles au sein desquels l'État aurait dû prendre temporairement le relais du manque d'investissements privés.

Le risque, c'est que l'euro se soit assimilé à une identité de substitution et qu'il entraîne, à terme, une érosion de la pensée européenne.

Dans un récent texte, les économistes Carmen Reinhart et Kenneth Rogoff, dont la pertinence des analyses en matière de dettes publiques n'est plus contestable, arrachent l'écorce d'une imposture politique et mettent à vif une réalité effrayante : sur la base d'un strict recensement des crises de dettes publiques, il est totalement illusoire de penser que la croissance suffira à en diluer le coût.

Les dettes publiques ont atteint des niveaux incompatibles avec une croissance économique dont les plus optimistes estiment que le rythme pourrait être de 2 %. Selon Reinhart et Rogoff, nos économies développées vont donc connaître des phénomènes qui ressortissent plutôt aux économies émergentes, à savoir des poussées soudaines d'inflation, des rééchelonnements de dettes et une répression financière, c'est-à-dire une combinaison de canalisation autoritaire (assortie de taux d'intérêt très bas) de l'épargne vers le financement des États. Enfin, les deux économistes indiquent que l'excédent de dettes publiques mettrait environ vingt-trois ans à se résoudre. On serait donc mal partis jusqu'en 2031… avant que le coût des retraites nous rattrape.

Une des ambiguïtés de notre situation économique, c'est d'ailleurs que nous subissons la déflation (ou, à tout le moins, une inflation insuffisante) et l'inflation. En effet, l'économie traverse une déflation de flux, caractérisée par des prix qui stagnent, reflétant eux-mêmes un tassement de l'économie, une sous-utilisation des capacités de production et une faible demande intérieure. Mais cette déflation se traduit par des taux d'intérêt très bas qui inflatent le prix des actifs, tels l'immobilier, les marchés boursiers d'actions et les obligations. Nous subissons donc une déflation de flux et une inflation de stock.

Vous parlez de donner davantage de latitude et de pouvoir aux banques nationales. Comment faire en pratique ?

Bruno Colmant : Il faut changer le mandat de la BCE en y ajoutant, à côté de l'inflation, la notion d'activité économique. C'est le fait d'avoir un unique objectif – la lutte contre l'inflation – qui pose problème. Et chaque pays pourrait défendre ses intérêts nationaux de manière plus explicite. Une autre façon de procéder serait de rendre la banque centrale plus politisée. Mais je sais que c'est compliqué, puisque la Loi fondamentale allemande fait une mention explicite au mandat de la BCE de maintien d'une inflation contrôlée. C'est pour cette raison que la monétisation des dettes publiques est inconstitutionnelle aux yeux des Allemands.

Paul Jorion : Il est intéressant de noter qu'une dialectique toute particulière s'est installée entre la Banque centrale européenne et les banques centrales nationales. Lesquelles peuvent produire de la monnaie pour parer à des urgences en recourant à un mécanisme appelé Emergency Liquidity Assistance (ELA), ce que n'ont pas manqué de faire les banques centrales de la Grèce, de l'Irlande, du Portugal, de l'Italie et de l'Espagne, pour répondre aux difficultés de leurs banques commerciales nationales, mais cette monnaie est allée se concentrer dans les comptes Target2 de l'Allemagne, ce système dont j'ai déjà parlé : un système de compensation entre les banques nationales de la zone euro et la Banque centrale européenne. Depuis la crise de la dette, l'Allemagne a accumulé des créances énormes à l'intérieur de Target2, même si la tendance s'est partiellement inversée depuis juillet 2012. Si la zone euro éclatait, la Bundesbank accuserait de lourdes pertes sur ces créances. C'est la thèse que développe Hans-Werner Sinn, président de l'institut de recherche allemand Ifo, et il parvient à se faire entendre.

Cette monnaie créée par le biais de l'ELA est une monnaie de singe parce qu'il n'y a pas de création de richesse qui lui est associée : ce n'est pas de l'argent qui a été créé parce que le pays s'est enrichi par la croissance, c'est de l'argent qui a été créé au contraire parce que le pays en question en manque cruellement, parce qu'un trou s'est creusé. La création d'argent *ad hoc* par les pays en difficulté, en circulation conjointement à des euros qui ont, eux, été créés selon des principes sains, ce sont autant de bombes à retardement pour le système monétaire européen sur le long terme. Paradoxalement, au cas où les choses s'arrangeraient un peu sur le plan économique, cette monnaie surnuméraire pourrait être à l'origine d'une hyperinflation. Aucune inflation n'apparaît aujourd'hui, car il y a en face, tirant en sens opposé, de fortes pressions déflationnistes liées à l'absence de croissance économique.

La BCE devrait-elle davantage s'inspirer de la Réserve fédérale américaine ?

Bruno Colmant : Les Américains ont une vision plus équilibrée de l'économie. Ce n'est pas le cas de la BCE. En se focalisant sur la seule lutte anti-inflationniste, elle apparaît comme une banque centrale de thésaurisation. De surcroît, ses objectifs ne peuvent pas être suffisamment modulés par pays. La crise de l'euro est loin d'être achevée, puisque les différences entre les pays du nord et du sud de l'Europe restent très profondes. Ces différences illustrent d'ailleurs le vice de construction inhérent à l'euro : la monnaie unique a tenté d'unifier, sous un même étalon de mesure, des économies nationales que des dévaluations/réévaluations permettaient d'adapter à leurs faiblesses et forces respectives. En figeant la monnaie, on reporte une dévaluation des pays faibles (pays méditerranéens et France) sur le chômage et on déplace une réévaluation sur le plein emploi des pays forts (Allemagne, par exemple). Mais il y a plus : les pays du Nord tentent d'imposer une désinflation compétitive à l'Europe, c'est-à-dire un contexte caractérisé par un euro désinflaté et potentiellement récessionnaire. C'est ainsi que les autorités européennes imposent, à contretemps de la crise, une rigueur budgétaire et monétaire. Il faut sortir de cette logique. Les pays du Nord doivent stimuler leur consommation intérieure tout en finançant, au travers d'investissements productifs, l'économie privée du Sud. Concomitamment, il faut exacerber la mobilité du travail. C'étaient les deux conditions nécessaires (mais non suffisantes) à la création de la zone monétaire optimale que la zone euro était censée incarner. Elles restent valables.

Les taux d'intérêt de la zone euro sont tombés à des niveaux proches de zéro depuis la fin de 2013. Certains taux sont même négatifs. C'est une première dans l'histoire.

Bruno Colmant : Ma véritable appréhension porte sur le piège de la liquidité. Cette expression est tirée de la théorie générale de Keynes. C'est un véritable traquenard dans lequel l'économie tombe lorsqu'une banque centrale injecte des liquidités dans l'économie sans parvenir à relancer la croissance. Les agents économiques absorbent les liquidités, les thésaurisent et ne les dépensent pas. Cette baisse de la consommation a un effet négatif sur les entreprises, la production et l'emploi. Cette situation est caractéristique d'économies qui sont entrées dans un cycle déflationniste, proche de la récession. D'ailleurs, le piège de la liquidité se manifeste quand le taux d'intérêt est proche ou égal de zéro, ce qui est actuellement le cas. Ce piège de la liquidité se conjugue au paradoxe de l'économiste anglais David Ricardo. Selon ce dernier, il y a une équivalence entre une augmentation de la dette publique et une augmentation de l'épargne en prévision de hausses d'impôts. Que faire, dès lors, quand plus rien ne relance l'économie et qu'il faut inciter les particuliers à consommer ?

Keynes recommandait d'utiliser le levier budgétaire afin d'agir directement et positivement sur la dépense des ménages, au travers de transferts sociaux et de baisses d'impôts. Selon lui, il faut donc augmenter temporairement les déficits et dettes publiques. Mais, alors, il y a une contradiction flagrante dans le langage politique : pourquoi préconiser des retours à l'équilibre budgétaire lorsqu'il faut justement accroître temporairement les déficits pour relancer l'économie ? De plus, la réduction des déficits est presque impossible à mettre en œuvre dans une économie sans croissance. L'austérité ou la rigueur risquerait de faire suffoquer toute reprise et de susciter des troubles sociaux. Si la relance budgétaire échoue, il faut alors passer à une injection de monnaie. Mais, à nouveau, il y a une grave ambiguïté. En effet, cette injection monétaire est contradictoire avec la discipline monétaire qui cimente la formulation de l'euro. Les créations monétaires conduisent toujours à de l'inflation, ce qui est rejeté par les Allemands et combattu par la Banque centrale européenne. Quand on regarde la situation économique européenne, tout n'est plus que contradictions.

D'ailleurs, la complexité de la crise de l'euro, conjuguée à celle des dettes souveraines, a noyé dans l'actualité l'un des principaux faits politiques de ces dernières années, voire la décision politique la plus importante depuis la signature du traité de Maastricht, en 1992. Il s'agit du pacte budgétaire européen, officiellement appelé Traité sur la stabilité, la coordination et la gouvernance (TSCG), entré en vigueur le 1er janvier 2013. Quelles sont les disciplines de ce pacte ? Il s'agit, de manière simplifiée, de diminuer l'excédent d'endettement public de 5 % par an afin d'atteindre un rapport de la dette publique sur le PIB de 60 %. Le pourcentage de 60 % n'est pas neuf, puisqu'il fondait un des critères d'accession à la zone euro en 1999. Cette règle se conjugue désormais à ce qu'on appelle la « règle d'or », qui exige de ne pas dépasser un déficit « structurel », c'est-à-dire compte non tenu des aléas conjoncturels, égal à 0,5 % du produit intérieur brut (PIB).

Avant la signature du pacte budgétaire, la zone euro était caractérisée par une monnaie devenue fédérale et des politiques nationales restées confédérales. Le pacte budgétaire conduit à aligner des économies européennes hétérogènes sur une devise surévaluée (l'euro étant devenu l'héritier du Deutsche Mark). L'euro empêche toute dévaluation : on ne dévalue pas sa monnaie par rapport à elle-même. Cette situation a mené à une appréciation du taux de change réel des pays périphériques à cause d'une inflation plus forte que celle des pays du nord de l'Europe. Faute de pouvoir réaliser une dévaluation monétaire « externe », l'Europe a imposé une dévaluation « interne », c'est-à-dire une contraction budgétaire et des modérations salariales, traduites sous l'exigence de programmes d'austérité, désormais consacrés par le pacte budgétaire.

C'est ainsi que la logique des pays du Nord, qui était fondée sur une désinflation compétitive, pourrait se transformer en (quasi-)déflation récessionnaire. Il reste à espérer que l'euro ne soit pas dorénavant une monnaie génétiquement déflationniste et que nous ne tombions pas dans un piège à la japonaise, c'est-à-dire celui d'une monnaie forte assortie d'un manque d'inflation et d'une croissance millimétrique.

Les finances publiques européennes reposent donc sur des bases très fragiles, toujours proches de la dislocation. Dans ce cadre, les effets de la déflation (ou plutôt du manque d'inflation), désormais crainte par la BCE, aggravent l'insupportabilité du coût des dettes publiques. En effet, l'inflation déprécie le pouvoir d'achat de la monnaie et effrite silencieusement le coût réel des dettes publiques, au bénéfice des États qui les émettent. L'inflation érode la charge du remboursement de ces dettes tout en augmentant nominalement les recettes fiscales. La déflation a un effet inverse : le coût des dettes publiques en est accru et les recettes fiscales en sont nominalement diminuées.

Un autre angle d'approche est le taux d'intérêt réel, qui augmente au rythme de la baisse de l'inflation. Un taux d'intérêt nominal de 5 % ne pèse, en réalité, que 2 % d'intérêt « réel » si le taux d'inflation est de 3 %. Si le taux d'inflation baisse à 1 %, ce même taux d'intérêt réel grimpe à 5 % moins 1 % égale 4 %. Le calcul est certes simplifié, car les taux d'intérêt sont formulés sur la base de l'inflation anticipée (plutôt que constatée), mais il n'en demeure pas moins valide. Et c'est exactement ce qui se passe dans les pays méditerranéens de la zone euro : les taux d'intérêt nominaux ont baissé à la suite de l'éloignement de l'épicentre de la crise souveraine, mais le taux d'inflation a chuté dans une plus large mesure, entraînant pour des pays comme l'Espagne une augmentation du taux d'intérêt réel payé par les pouvoirs publics.

Cette situation, si elle se perpétue, pourrait susciter une nouvelle flambée de crise souveraine. L'histoire est là et il faut la subir. La logique d'une monnaie déflationniste et désinflatée sévit en Europe. C'est la trame de la politique monétaire depuis les années 1960. Mais est-ce tenable dans un monde dont les principaux acteurs (États-Unis, Japon, Chine, Royaume-Uni, etc.) ont choisi l'injection monétaire et une dose modique d'inflation ? Je ne le crois pas, d'autant que cette logique conduira immanquablement à des effacements de dettes dans les pays faibles.

Si je vous comprends bien, il faut en finir avec la sacro-sainte indépendance de la Banque centrale européenne ? C'est une autre révolution qui est en marche ?

Paul Jorion : L'indépendance est déjà très relative. Elle existe certainement par rapport au pouvoir politique, mais les banques centrales ne sont pas indépendantes par rapport aux exigences du marché international des capitaux et des grands groupes financiers.

Bruno Colmant : L'indépendance est un concept suranné. En période de grande crise, je le répète, les banques centrales sont souvent nationalisées. De Gaulle a nationalisé la Banque de France en 1945.

Par ailleurs, comme la monnaie est la contre-valeur de la dette publique et que cette dette publique dépend des actions des gouvernements individuels, comment peut-on gérer la monnaie de manière indépendante ?

Il est aussi assez frappant de voir que la supervision des banques a été confiée à la BCE. Cette dernière est donc chargée d'interférer avec des institutions privées. N'est-ce pas là le reflet que la dette publique, qui est portée déjà largement par les banques, doit être contrôlée par ceux qui émettent la monnaie ? Cela me paraît assez impur. Le contrôle des banques aurait dû être confié à un régulateur indépendant. Ou alors on se dirige vers une nationalisation des banques, ce qui est peut-être implicitement ce qui est train de se passer.

Mais qui suis-je, finalement, pour émettre un avis autorisé sur la politique de la Banque centrale européenne ? La vingtaine de personnes qui décident de la gestion de l'euro sont certainement mieux informées et plus lucides que les 333 millions de ressortissants de la zone euro, sans quoi on ne leur aurait pas accordé une indépendance dont aucune banque centrale ne dispose.

Et pourtant…

On se souvient des hausses de taux d'intérêt mises en œuvre par Jean-Claude Trichet en 2011, c'est-à-dire au milieu de la plus grave crise souveraine, au motif que la vigilance s'imposait contre l'inflation.

On se rappelle aussi les injonctions de la Banque centrale européenne qui exigeait des politiques immédiates de rigueur et d'austérité en pleine récession. Selon la BCE, une réduction du déficit public par des réductions de dépenses aurait abouti à ce que le secteur privé anticipe une baisse de la pression fiscale… ce qui aurait généré un accroissement de la consommation et de l'investissement. Exprimé de manière plus simple, il s'agissait donc de diminuer les dépenses publiques pour entretenir la perception que des impôts ne devraient pas être levés et, en conséquence, qu'on consommerait plus. C'était donc le mouvement perpétuel : on consomme moins (collectivement) pour consommer plus (individuellement).

En juillet 2012, le président de la BCE s'engagea à faire tout pour sauver l'euro… mais force est de constater que, contrairement aux bilans des autres banques centrales (États-Unis, Japon, Royaume-Uni), le bilan de la BCE s'est contracté. Cette contraction explique, entre autres, la force de l'euro et contribue probablement au cycle récessionnaire et déflationniste dans lequel l'Europe tombe.

Aujourd'hui, le taux d'inflation dégringole et nous sommes dans un cycle de déflation. Le FMI et tous les économistes internationaux recommandent, avec une grande urgence, d'adopter une politique monétaire assouplie. Et pourtant la BCE reste impavide, se bornant à envisager d'imprécises mesures monétaires non conventionnelles, sans reconnaître l'évidence du piège de la déflation.

Je crains que, sans action décisive structurelle de la BCE, la vingtaine d'hommes qui la dirigent ne commencent à inquiéter sérieusement les 332 999 980 autres ressortissants de la zone euro.

V

Spéculation et Bourse, des dérives à combattre

La spéculation joue un rôle dans la crise qui a débuté en 2007 : spéculation sur les produits hypothécaires titrisés, mais aussi spéculation sur les *credit default swaps*, ces produits qui permettent de parier sur le défaut d'un pays. Est-on allé trop loin en ce domaine ?

Le domaine boursier semble aussi frappé par certaines dérives. La dérégulation a permis la mise en place de plates-formes de négociation concurrentes aux marchés boursiers traditionnels. Dans la foulée, on a assisté à une inexorable montée en puissance du « *trading* à haute fréquence » sur les marchés boursiers. Ce sont des machines qui dominent les transactions, ce qui a déjà occasionné quelques sérieuses secousses, dont le fameux *flash crash* à Wall Street en 2010. Faut-il mieux canaliser ces *traders*-robots ?

Paul Jorion et Bruno Colmant, vous risquez de ne pas être d'accord sur la manière de traiter la spéculation, je me trompe ?

Paul Jorion : Selon moi, c'est clair, il faudrait ré-interdire la spéculation. Cela ferait revenir de 40 à 80 % de la richesse vers l'économie. Mais si, tout à coup, 40 % des flux retournaient à l'économie dont ils ont été détournés par la spéculation, ces sommes risqueraient d'être investies dans l'immobilier et dans le foncier en général, où elles créeraient une gigantesque bulle et pousseraient encore davantage le prix du logement à la hausse.

Je suis, de manière générale, favorable à l'idée de mettre à l'abri de la spéculation les secteurs vitaux pour les gens ordinaires, comme celui du logement.

Je préconise une vue prospective sur les priorités pour l'économie. Je ne parle pas de planification à la soviétique, mais d'une conception keynésienne comme elle était partagée dans les années 1950, qui suppose qu'une compréhension des enjeux de société est essentielle sur le long terme et qu'on ne peut pas faire confiance aux marchés pour régler tous les problèmes. Dès que les choses se compliquent un peu, les marchés perdent la boussole, c'est bien connu. Dans les pires des cas – comme on a pu le voir en 2008 –, les marchés finissent par faire des paris sur l'effondrement du système financier tout entier : c'est le dernier moyen qu'il leur reste de tenter de se refaire quand la situation devient désespérée, et ce sont paradoxalement eux qui précipitent la chute !

Bruno Colmant : Je rebondis sur le constat de Paul. Des membres du gouvernement aux gouverneurs des banques centrales, il ne se passe pas un jour sans qu'un régulateur exige légitimement un meilleur contrôle des prédateurs boursiers.

L'ennui, c'est qu'on arrive difficilement à désigner ces vampires du marché. Alors, pêle-mêle, on cite les *hedge funds*, les fonds spéculatifs de *private equity* et autres activistes actionnariaux.

Ces opérateurs ne sont, bien sûr, ni nouveaux ni innovateurs. En revanche, ils se singularisent parce qu'ils opèrent parfois hors des canaux boursiers traditionnels, aidés en cela par la libéralisation des flux financiers.

Certains voudraient donc sanctionner, de manière plus générale, ces spéculateurs à court terme. Il s'agirait de pénaliser les actionnaires qui le sont restés trop peu longtemps.

Le problème, c'est que c'est impossible, et je me distancie de Paul en termes de combat contre la spéculation. Tout d'abord, ce ne sont pas les acheteurs à court terme, mais bien les vendeurs qu'il faudrait, en tout état de cause, sanctionner.

En effet, ce n'est pas l'acte d'achat, mais plutôt la décision de vendre à court terme qui serait blâmable. Mais, alors, il convient de se demander pourquoi un actionnaire vend ses titres.

Et la raison en est simple : dans la plupart des cas, il vend parce qu'il anticipe que le cours pourrait baisser. Dans l'hypothèse inverse, l'actionnaire attendrait la hausse de cours anticipée avant de vendre.

Mais alors, si l'on contraignait les actionnaires à conserver leurs titres plus longtemps qu'ils ne le souhaitent, cela reviendrait à les obliger à conserver leurs titres au-delà de la période de hausse de cours qu'ils anticipent.

Cela les conduirait à supporter, le cas échéant, une perte ou un moindre gain. Et qui serait le bénéficiaire de cette perte ? Ce serait l'acheteur à qui le vendeur n'a pas pu vendre immédiatement ses titres. En d'autres termes, retarder une vente revient à favoriser un acheteur futur, qui est lui-même aussi, peut-être, un spéculateur !

On peut voir les choses sous un autre angle. Si la vertu était associée à l'horizon de détention des actions, il conviendrait de récompenser l'acheteur à long terme, en lui permettant de profiter d'un prix d'achat plus bas ou d'un prix de vente plus haut.

Mais cela annihilerait immédiatement le bien-fondé des marchés boursiers, dont la finalité est la formulation d'un prix unique, exprimé de manière continue.

On le voit, tout cela conduit à une impasse intellectuelle. Et, finalement, il n'y a qu'une leçon absolue en matière boursière : l'incertitude associée aux cours de Bourse réside dans l'horizon d'investissement. Nul ne sait quand la prime de risque, correspondant à un surcroît de rendement, est obtenue par l'actionnaire.

D'ailleurs, l'incertitude est exclusivement prospective. Elle ne dépend pas du laps de temps pendant lequel l'action a déjà été détenue. Les marchés boursiers n'ont, par essence, pas de mémoire, car ils se projettent uniquement dans le futur. La date d'achat d'un titre n'a donc d'importance que pour son propriétaire, pas pour le marché. Ce dernier forme du reste les cours de Bourse exclusivement sur la base des anticipations de dividendes, et cela indépendamment des dividendes passés.

Un marché boursier ne fonctionne donc pas mieux si les actionnaires sont, d'une manière ou d'une autre, avantagés s'ils détiennent leurs titres à long terme. Au contraire, car cette situation peut parfois conduire à des poches d'actionnariat immobiles.

Or, le marché boursier fonctionne mieux si tous les actionnaires sont actifs, et cela indépendamment de la durée de détention de leurs titres. Au reste, un marché qui est animé par un volume important de transactions est toujours plus efficient, c'est-à-dire qu'il incorpore plus instantanément les informations susceptibles de modifier les cours de Bourse. Je crois donc qu'on ne peut pas, comme le suggère Paul, combattre la spéculation de manière absolue. Je ne crois pas non plus que les marchés parient sur un risque d'effondrement.

Paul Jorion : Sauf que la Bourse, Bruno, ce n'est pas de la spéculation à proprement parler : elle ne met pas face à face deux parieurs dont l'un gagnera et l'autre perdra à l'issue du pari. Il y a juste des transactions entre acheteurs et vendeurs, alors qu'un pari s'ouvre avant un événement et se clôt lorsqu'il a eu lieu, et que l'un des deux parieurs a alors gagné, tandis que l'autre aura perdu.

Paul Jorion, interdire la spéculation, cela paraît totalement utopique, non ?

Paul Jorion : Pourquoi ? Quand on dit « utopique », on parle de quelque chose qui semble irréalisable ; on ne dit pas « utopique » à propos de quelque chose qui a déjà existé. Or, la spéculation était interdite, comme je l'ai dit, en Suisse jusqu'en 1860, en Belgique jusqu'en 1867, et en France jusqu'en 1885. Son interdiction est donc loin d'être impossible, il suffit de refaire ce qu'on avait fait avant. Interdire la spéculation, cela ne demande pas plus qu'une demi-douzaine d'articles de loi, une poignée en droit pénal, une poignée en droit civil. Sur le plan pénal, on interdit les paris sur les variations de prix à la hausse et à la baisse des titres financiers ; sur le plan civil, on déclare irrecevable en justice toute plainte pour non-acquittement d'un gain résultant d'un pari – c'est la fameuse « exception de jeu ».

Ce n'est donc pas très compliqué d'interdire la spéculation, contrairement à ce que prétendent les financiers dans leur majorité, qui ajoutent en général que « la spéculation a toujours existé » (faux : elle a été interdite jusqu'à la seconde moitié du XIXe siècle !) et qu'il est « quasi impossible de la définir » : ils vous racontent ainsi, la larme à l'œil, que « spéculer, c'est espérer que ses enfants réussiront à l'école et dans la vie, etc. ». Mais non ! une définition juridique de la spéculation sans aucune ambiguïté tient facilement en un seul paragraphe ! Trois affirmations fausses, pour vous attendrir, en espérant que vous n'irez pas vérifier en vous renseignant, ce qui n'est pourtant pas très compliqué !

La période avant que la spéculation ne soit autorisée coïncide d'ailleurs avec l'âge d'or du capitalisme. Ce n'est donc pas comme si sa présence lui était indispensable : le capitalisme industriel fonctionnait à merveille sans la spéculation. Mais, avec la spéculation, on a introduit le ver dans le fruit. Ce qui rendait sa prédation relativement invisible, c'est qu'elle s'accompagnait d'un immense pillage de la planète. En 1885, Jules Ferry est président du Conseil en France, il encourage l'abrogation des articles de loi qui interdisent la spéculation. La même année, dans un discours enthousiaste, il lance avec fougue l'entreprise coloniale. Il faudrait être bien naïf pour voir là une simple coïncidence. Le pillage du tiers monde a fourni la source où puiser ; alors que celle-ci se tarit aujourd'hui, la prédation de la spéculation apparaît pleinement visible en surface !

Interdire les paris sur les fluctuations des prix des titres financiers, cela permet de réduire l'activité financière, je le répète, de 40 à 80 %. La part que l'on a retirée, c'est celle que Lord Adair Turner qualifie d'« inintéressante sur le plan économique ».

Bruno Colmant : Paul veut combattre la spéculation, mais c'est oublier que la spéculation est le reflet d'un risque que d'autres agents économiques ne veulent pas prendre. Il n'y a donc pas de spéculation absolue, mais uniquement relative. Certains se plaignent du fait que le caractère « spéculatif » des marchés est un obstacle à la croissance pérenne de nos entreprises.

C'est ainsi que les mêmes trouvent anormal que des actionnaires détiennent des actions dans une perspective de court terme.

Mais... réfléchissons quelques secondes. Le négoce boursier des actions n'est que l'expression fugace et temporaire de la valeur d'une entreprise. Cela n'altère en rien les capitaux qui y sont investis. Donc, affirmer qu'on doit détenir des actions à long terme pour assurer la perpétuation de nos entreprises relève d'une erreur intellectuelle.

Au reste, que pourrait entraîner la cession ou l'acquisition de positions minoritaires dans une société cotée ? Pas grand-chose, sinon une contribution à la formulation continue du prix puisqu'il s'agit d'un déplacement latéral de droits de propriété.

Au contraire, le négoce boursier formule la valeur et apporte la liquidité à l'entreprise, tout en lui exprimant la perception utile du marché. C'est la réalité de l'économie de marché, dont la mobilité des facteurs de production est le fondement.

Si tout le monde gardait ses actions à long terme, il n'y aurait plus de marché et, donc, de possibilité d'appel à l'épargne publique.

Il faut donc plutôt se réjouir de la vélocité du capital boursier, qui ne constitue que le déplacement latéral de la propriété, sans création ou destruction de richesse, sauf activisme actionnarial.

Paul Jorion : Mais, comme je le répète, quand je parle d'interdire à nouveau la spéculation, je ne parle pas de la Bourse dans son fonctionnement ordinaire, je parle de ce qu'on appelle les « positions nues », « positions directionnelles » sur des marchés symétriques comme les marchés à terme. Une opération spéculative crée de toute pièce un risque jusque-là inexistant. Ce n'est pas le cas de la Bourse.

Que penser du fonctionnement des Bourses ? Elles sont de plus en plus dominées par les robots. Est-ce une menace pour les entreprises qui veulent se financer sur les marchés boursiers ?

Paul Jorion : En France, l'économiste et philosophe Frédéric Lordon, reprenant une rêverie de Keynes, veut supprimer purement et simplement la Bourse. À mes yeux, il s'agirait d'une mesure excessive et qui passerait à côté de son but.

Cela dit, il n'est pas vrai qu'une entreprise qui a besoin d'argent se doit de passer par la Bourse : elle peut très bien avoir un financement privé. Mais, même si l'on admet le principe d'une société financée par l'émission d'actions, il peut très bien n'y avoir qu'un marché primaire pour ces actions, lors du jour de son offre initiale au public, ce qu'on appelle l'« introduction en Bourse », sans qu'il y ait pour autant un marché secondaire où ces actions continueraient d'être échangées : les actions d'une société seraient nominales et détenues à vie. C'est à cela que pensait Keynes dans sa rêverie, quand il écrivait en 1936 dans sa *Théorie générale de l'emploi, de l'intérêt et de la monnaie* : « Le spectacle des marchés d'investissement modernes m'a parfois conduit à la conclusion qu'un remède utile à nos maux d'aujourd'hui serait de rendre l'achat d'un investissement permanent et indissoluble, comme le mariage, si ce n'est pour cause de décès ou pour une autre raison impérieuse. » Mais Keynes n'y a jamais songé sérieusement ; il ajoutait aussitôt après le passage que j'ai cité : « Si ce n'est que… »

À mon avis, un marché secondaire se recréerait de toute manière. Aujourd'hui, ce serait sur eBay, par exemple ! Il existe un marché secondaire pour la revente d'à peu près tout ce à quoi l'on peut attribuer un prix, cela n'aurait pas de sens de chercher à faire en sorte qu'il n'y ait qu'une seule chose au monde qu'on ne puisse pas revendre : les actions de société. Les actions seraient seules à ne pas disposer d'un marché secondaire !

Mais, en matière de revente d'actions, nous sommes aujourd'hui dans l'excès absolu : quand, le 6 mai 2010, le *flash crash* de Wall Street fait perdre 1 000 points à l'indice Dow Jones, tout se passe en quatorze secondes. Le système n'est plus sous contrôle : un être humain est incapable de superviser un processus où un robot peut faire 2 000 opérations distinctes à la seconde. Avec le *trading* à haute fréquence réalisé par les « algos » (pour « algorithme ») ou les « strats » (pour « stratégie »), le nom qu'on donne à ces robots, toutes les manipulations deviennent possibles : du *front running*, qui permet de voir les ordres avant qu'ils n'arrivent sur le marché et d'en tirer parti pour parier à la hausse ou à la baisse, aux actions « anti-plongées » qui poussent systématiquement les prix à la hausse pour contribuer (c'est cela, la justification !) au « bien général », mais en tournant alors en dérision le principe qui veut qu'un prix se détermine par la rencontre non biaisée de l'offre et de la demande. Quand il y a manipulation, qu'il s'agisse d'individus ou de gouvernements « bien intentionnés », il faut mettre le holà.

Que proposez-vous en pratique pour éviter ces dérives ?

Paul Jorion : Une cotation en Bourse une fois par jour par *fixing* ! Les vendeurs et les acheteurs entreraient leurs ordres de vente et d'achat, disons entre 9 et 10 heures le matin, et le prix serait fixé à 11 heures en fonction des quantités offertes et des prix réclamés à la vente (*ask*) et des prix proposés à l'achat (*bid*), de manière à écouler l'offre (si la demande est au moins égale à celle-ci, bien entendu), exactement de la façon dont on procède lors de l'adjudication d'une obligation.

Une action est censée refléter la santé économique d'une entreprise. Cette santé est une variable qui ne varie que sur le long terme, ou tout au plus sur le moyen terme. Qu'on ne vienne pas me dire que le chiffre qui l'évalue doit impérativement varier plus d'une fois par jour !

On nous répète *ad nauseam* que les spéculateurs sont utiles parce qu'ils apportent de la liquidité ; eh bien, le *fixing* leur donne – une fois n'est pas coutume – une véritable occasion de faire coïncider leurs gestes avec leurs paroles. S'il existe un *solde*, c'est-à-dire si l'offre est supérieure à la demande, ce solde est proposé à la négociation par le marchandage de tous ceux qui se présentent. Voilà une merveilleuse occasion pour les spéculateurs de faire ce qu'ils se contentent en général de prétendre : contribuer à la fixation objective du prix – au lieu de tenter de développer une tendance massive à la hausse ou à la baisse, qui est leur sport habituel !

Bruno Colmant : Je ne suis pas d'accord avec Paul. La Bourse est un rouage essentiel à l'économie. Pour les investisseurs, elle entraîne des images mythiques, car elle polarise les sentiments les plus extrêmes : l'envie et la peur. C'est sans doute la seule institution qu'on rejoint avec l'envie du gain et le frisson des pertes, mais qu'on quitte avec le regret de n'avoir pas été assez patient. La Bourse exerce une fascination, car elle entre en résonance avec les pulsions les plus secrètes de l'investisseur, comme si elle représentait un être virtuel. Pourtant, la Bourse n'existe pas à l'état naturel. Elle a été créée par l'homme pour formuler des valeurs.

Étant une construction humaine, la Bourse est-elle rationnelle ? Ou est-elle, au contraire, irrationnelle ?

Bruno Colmant : Elle est parfaitement rationnelle dans son fonctionnement, mais imprévisible dans son mouvement. La Bourse, c'est le jeu ordonné (rationnel) de millions de libertés d'achat et de vente face à des milliers d'actions concurrentes. C'est une pulsation universelle permanente, un immense mouvement d'adaptation collectif à la diversité mouvante de l'économie. D'ailleurs, la prédiction des valeurs boursières est impossible. Et pour cause : la fonction principale de la Bourse est d'explorer l'utilité des biens dans le futur. C'est une machine non pas à remonter, mais à se projeter dans le temps. Cette réalité est irritante pour l'esprit cartésien qui recherche des cycles répétitifs et des schémas prévisibles. Et, comme l'incrédulité fait bon ménage avec l'obscurantisme, cela conduit à l'imagerie populaire d'une sphère financière dévoyée et dissociée des vertus rédemptrices de l'économie qualifiée de « réelle ». En fait, il n'y a pas d'économie réelle, à opposer à une économie financière ou virtuelle. C'est plutôt une question d'échelle de temps que de réalité ou de virtualité : il y a des transactions économiques révolues à comparer avec un marché boursier d'anticipations et d'engagements futurs.

Car, quand on analyse froidement leur formation, les cours découlent d'une mécanique élémentaire : ils résultent de la confrontation d'anticipations contraires portant sur un même nombre de titres achetés et vendus. L'acheteur anticipe une hausse du cours, tandis que le vendeur spécule sur une baisse. Chaque opérateur, par sa contribution à la transaction, anticipe donc une certaine volatilité. Cette réalité s'oppose à nouveau à la critique de marchés boursiers trop volatils, alors que cette volatilité fonde les transactions.

La Bourse gardera donc toujours sa part de mystère. Car si, d'aventure, la prévision du futur était concevable, il serait possible de savoir si un cours va monter ou baisser, ce qui entraînerait des achats sans vendeurs ou des ventes sans acheteurs de titres. Il n'y aurait aucune transaction, donc pas de Bourse. Ou, inversement, la Bourse existe parce que nul n'est capable, de manière établie, d'augurer le futur. Elle porte en elle la volatilité des évaluations qui fonde son existence. Sans volatilité, il n'y aurait pas de Bourse.

Le cours est donc, par essence, doublement éphémère. Il est, en effet, destiné à être contredit à tout instant. Il n'emporte aucune pérennité, puisqu'il reflète la dernière transaction qui, au moment de sa publication, appartient déjà au passé. En d'autres termes, la formation du cours entraîne sa propre précarité, puisque sa seule pertinence est d'avoir été, plutôt que d'être, comme un futur qui n'est qu'un passé en préparation. Mais il y a plus : le cours n'est valable que pour les acheteurs et les vendeurs qui effectuent la transaction. Il ne constitue qu'une indication pour les acheteurs et vendeurs potentiels. Ceux-ci créeront leur cours au moment de la transaction.

C'est d'ailleurs dans cette perspective que la valeur d'une action procède de l'actualisation des dividendes espérés. Cette actualisation s'effectue à un taux dont la modélisation est, elle aussi, impossible, puisqu'elle intègre, selon des pondérations inconnues, l'ensemble des anticipations relatives aux marchés financiers et à l'action concernée. Au reste, la théorie boursière a bien identifié la marche au hasard des actions, dont les cours sont soumis à des oscillations aléatoires. La leçon de la Bourse, qu'on peine paradoxalement à se remémorer, est bien là : les marchés n'ont pas de mémoire.

Les procès inquisitoires ou en sorcellerie sur les marchés financiers sont donc souvent vides de sens. La Bourse n'est ni vertueuse, ni odieuse, et encore moins une machine infernale. Elle est juste une mesure du temps et des valeurs prospectives.

Cela n'évitera pas les phénomènes d'exubérance irrationnelle, d'ailleurs très difficiles à déceler, et encore plus à anticiper. Le physicien Isaac Newton, qui venait de perdre 20 000 livres sterling dans un placement financier hasardeux, ne se trouva d'autre excuse à sa perte que d'affirmer, avec mauvaise foi : « Je peux mesurer le mouvement des corps, mais je ne peux pas mesurer la folie des hommes. » Il fut effectivement meilleur physicien qu'économiste.

Le gestionnaire et milliardaire américain Warren Buffett disait qu'il pourrait se satisfaire d'une Bourse ouverte un jour par semaine. Qu'en pensez-vous ?

Paul Jorion : En proposant une cotation par jour, avec un prix qui fait se rencontrer de manière équilibrée et incontestable l'offre et la demande, je me situe donc au juste milieu entre les deux positions « extrémistes » qui sont celles de Warren Buffett et de Bruno Colmant ! Je dois ajouter que je ne partage pas le lyrisme de Bruno quant à la beauté de l'expérience de l'actionnaire : il est là pour toucher des dividendes, et éventuellement en vue de faire un profit en vendant ses actions plus cher qu'il ne les a achetées. Plutôt qu'une aventure romantique, j'y vois plus simplement l'application d'une froide arithmétique !

Bruno Colmant : Je crois que ces orientations ne répondent pas à la réalité de la Bourse. Cela étant, Paul pose, de manière indirecte, une autre question portant sur le caractère objectif des cours boursiers et leur possibilité de manipulation. Je voudrais répondre à ces deux observations. En effet, la valeur boursière n'est pas valeur : elle la représente. En d'autres termes, la formulation continue de cours boursiers ne peut pas amplifier la volatilité, mais au contraire l'atténuer. Il est commun de vilipender les directions d'entreprise qui auraient privilégié une vision à court terme de la gestion de leur société. Les investisseurs institutionnels (fonds de pension, entreprises d'assurances, fonds communs de placement, etc.) sont, eux aussi, souvent accusés de cartelliser les cours de Bourse. Ils privilégieraient de concert la rentabilité à très court terme de leurs placements au préjudice d'une vision à long terme de l'économie.

Cette critique s'inscrit dans l'imagerie populiste qui attribue les bienfaits de la volatilité boursière à un cercle d'initiés. Ces derniers spolieraient les petits porteurs, réputés de bonne foi et empreints de valeurs saines… parce qu'actionnaires minoritaires. En d'autres termes, la participation au marché boursier devrait rester modique, au risque de rejoindre le réseau des capitalistes agissant contre le bien-être collectif. La pureté boursière ressortirait-elle à l'humilité financière ?

Certes, certains dirigeants d'entreprise ont organisé des cabales comptables dont ils ont fugacement tiré profit. De surcroît, il y a d'incontestables asymétries d'informations et d'évidents manques de clairvoyance dans le secteur financier.

Mais, plus fondamentalement, est-il possible, pour une direction d'entreprise, de manipuler structurellement le cours de Bourse de sa société par le seul fait de renoncer à des investissements à long terme ? Et gagnerait-on quelque chose à limiter la cotation à un prix quotidien ou hebdomadaire ? La réponse est probablement négative, et ce, pour plusieurs raisons.

Tout d'abord, le cours de Bourse est la résultante d'achats et de ventes de titres. Ces ordres expriment des perspectives contradictoires sur la valorisation de l'entreprise. Si les marchés boursiers sont suffisamment informés et liquides, il n'est pas possible, pour quiconque, d'influencer systématiquement une contradiction permanente et provisoire de la valeur.

Ensuite, les cours de Bourse procèdent d'une actualisation de l'ensemble des flux financiers futurs anticipés. Le résultat des seules deux à trois prochaines années n'intervient donc que pour une fraction modique dans l'établissement d'un cours boursier. L'exemple suivant illustre ce phénomène. Imaginons qu'une action dégage un dividende constant de 10. En supposant que le coût du capital soit de 8 %, le cours de cette action va s'établir à 125 (soit 10/8 %). Le dividende des trois premières années intervient pour 20 % de ce cours (compte tenu de l'actualisation des flux). En revanche, le dividende de la dixième année et de toutes les suivantes contribue à près de 50 % de la valeur du titre. Le résultat à long terme est donc plus déterminant que les dividendes à court terme.

Si une direction d'entreprise renonce à des investissements pour uniquement augmenter le résultat à court terme, cela devrait, en bonne logique, s'effectuer au détriment du résultat des années ultérieures. À son tour, ce phénomène devrait peser sur le cours de Bourse et compenser le caractère artificiel de la croissance des résultats à court terme.

Reprenons l'exemple de l'action et supposons que le flux de dividendes soit artificiellement majoré à court terme, pendant trois ans, de 20 % sans affecter les dividendes ultérieurs. Le cours de l'action va s'établir à 130,1, soit une augmentation de seulement 4 %. Si, de surcroît, cette augmentation de dividende se fait au détriment du dividende des trois années suivantes (qui serait alors ramené de 10 à 8 pendant trois ans), le cours s'établira alors à 126,1, soit une augmentation négligeable de moins de 1 % par rapport au prix initial.

Quand bien même il serait possible de manipuler un cours de Bourse, on devrait s'interroger sur l'identité des bénéficiaires de cette prétendue machination. En effet, si une direction d'entreprise peut modeler artificiellement un cours de Bourse, cet agissement devrait bénéficier aux actionnaires dont l'horizon d'investissement n'excède pas celui de la direction. La manipulation comptable s'effectuerait donc seulement au préjudice des actionnaires à long terme, qui seraient pénalisés par la chute du cours de Bourse – qui devrait, à son tour, être instruite par le retour à la réalité de l'entreprise.

Mais alors, dans cette perspective, le fait de privilégier une gestion à court terme ne devrait pas pénaliser les futurs actionnaires de l'entreprise, puisque ceux-ci pourraient acquérir des titres à des cours dépréciés. Une éventuelle manipulation de cours profiterait donc (sauf faillite intermédiaire) aux futurs actionnaires de l'entreprise, au détriment des actionnaires existants. Ces derniers devraient vendre leurs titres et les racheter plus tard. Cette vente immédiate pèserait sur les cours et contrarierait les espoirs de manipulation à court terme. On le voit : le raisonnement ne mène à rien, car il conduit à répartir les achats de titres dans le temps, ce qui est – indépendamment de toute suspicion de manipulation – une stratégie reconnue.

Incidemment, si l'analyse technique des cours de Bourse (analyse graphique, de tendances, etc.) avait quelque validité, il lui serait possible de détecter des situations de sous-investissement à long terme des entreprises. Or, on sait qu'il n'en est rien.

Un fait reste, en revanche, incontestable. Les cours boursiers découlent d'une superposition de comportements individuels et d'anticipations antagonistes. Le marché renferme en lui son mystère et la clé de son explication. Il n'existe pas de vérité financière, si ce n'est la formulation instantanée d'une valeur boursière. Celle-ci reflète l'expression attendue du futur, et une pondération évolutive du court et du long terme, qu'il est vain de fragmenter.

Le cours de Bourse n'est donc probablement pas structurellement et systématiquement manipulable, sauf exploitation d'informations privilégiées (*insider trading*), ce qui est lourdement combattu. Les autorités de contrôle sont d'ailleurs très attentives à assurer une diffusion étale de l'information aux marchés. Il faut aussi exiger des entreprises des prospectives en matière de projections bénéficiaires et des argumentaires détaillés sur leurs stratégies. Une mauvaise stratégie d'entreprise est toujours sanctionnée, tôt ou tard, par le marché, quelle que soit son origine : mauvaise stratégie, investissements insuffisants, etc. Il n'est donc pas possible de tirer profit à long terme d'une gestion d'entreprise sous-optimale, sauf sur la base d'informations privilégiées, ce qui constitue justement une pratique sanctionnée.

Bruno Colmant, avec votre passé de boursier, comment réagissez-vous à une proposition quelque peu surprenante comme celle d'un seul fixing *par jour ?*

Bruno Colmant : Pendant différentes crises, certains ont voulu arrêter le fonctionnement des Bourses. Mais, selon moi, la valeur doit s'exprimer en toute circonstance. Je suis favorable à la fluidité. À la limite, je pourrais envisager une Bourse qui fonctionne vingt-quatre heures sur vingt-quatre, un *worldwide stock exchange*, une Bourse mondiale localisée à Singapour, par exemple. Mais je suis d'accord, il faut condamner la manipulation des marchés boursiers par les *traders* à haute fréquence. Non pas pour leur apport dans les marchés, mais pour le risque systémique qu'ils présentent eu égard au manque de régulation.

Ne faudrait-il toutefois pas plutôt taxer la spéculation à court terme et favoriser ceux qui investissent à long terme ?

Paul Jorion : Il est, comme le disait Bruno tout à l'heure, très difficile de faire la part des choses entre court et long terme. Il peut être parfaitement rationnel pour un investisseur de vendre demain une action achetée il y a quelques jours seulement.

Bruno Colmant : Je suis d'accord avec Paul. Ma préférence va plutôt au soutien de ceux qui apportent du capital à risque à l'économie. C'est aussi un moyen de soutenir ceux qui ont des projets, capables de créer des emplois. Mais, à nouveau, il faut clarifier la réalité de la Bourse. La fluidité planétaire du capital joue un rôle essentiel : des entreprises géographiquement éloignées sont désormais atteignables. C'est, du reste, ce qui inquiète dans les vagues boursières, devenues depuis peu des déferlantes : elles remettent en question l'ancien schéma de division du travail et du capital. Elles sont au capital ce que la délocalisation est au travail. La mondialisation n'est à ce stade qu'une globalisation du capital. Ce sont les marchés financiers qui pilotent désormais l'allocation des ressources.

Au demeurant, Adam Smith, dans sa *Théorie des sentiments moraux* (1759), parle de sa fameuse « main invisible » de l'économie qui contribue, selon une logique darwinienne, à la… multiplication de l'espèce humaine. Les opérations boursières ne représentent, dans la plupart des cas, qu'un changement d'actionnariat de référence (ou de contrôle) des entreprises concernées, c'est-à-dire un phénomène discret (ou discontinu) dans le continuum de la modification permanente (et évolutionniste) de l'actionnariat individuel associé aux marchés boursiers.

Incidemment, une vision darwinienne de la Bourse devrait conduire un investisseur à une large diversification et à un horizon d'investissement suffisamment long, à l'image des pulsations de l'évolution. L'économiste qui a le mieux compris l'oscillation du marché boursier tendant vers un équilibre permanent, et surtout continu, est Léon Walras (1834-1910). Walras avançait qu'une économie s'oriente vers l'équilibre général dans le cadre d'une concurrence pure et parfaite. Cela a amené à la théorie du « tâtonnement walrasien », qu'on peut résumer, à l'instar d'un marché boursier, comme un lieu d'échange au sein duquel toutes les offres et toutes les demandes convergent vers un commissaire-priseur qui affiche les prix : le marché est parfait et fournit des informations justes à l'ensemble des acteurs. Dans la perspective de Walras, le marché boursier est une OPA permanente.

Les opérations boursières ne doivent donc pas être interprétées, de manière manichéenne, comme des facteurs créateurs ou, au contraire, destructeurs de richesses. Elles sont permanentes, et entraînées par le brassage continu de l'actionnariat. En bonne logique, elles sont, sur longue période, génératrices de valeur ajoutée en ce qu'elles facilitent l'allocation du capital. Elles rappellent qu'il n'existe, dans l'absolu, pas de secteurs d'expansion, mais plutôt des opportunités de croissance dont l'exploitation exige des ressources en capital et en hommes. L'essai de catégorisation des phases de contraction et de décontraction boursière est sans doute vain. Chacun tente d'appréhender l'évolution économique comme une succession d'événements discrets, indépendants mais répétitifs, alors que la circulation et l'allocation du capital procèdent d'un phénomène continu.

VI

Travail et emploi : quelles solutions ?

À la fin de 2013, le taux de chômage était de 12 % dans la zone euro. Mais, parmi les jeunes de moins de vingt-cinq ans, on dénombrait 5,5 millions de chômeurs dans l'Union européenne, dont 3,5 millions dans la zone euro. Cela représente en moyenne 24 % de taux de chômage chez les jeunes. Avec de grandes divergences selon les pays : 7,4 % seulement en Allemagne, 23 % en Belgique, 25 % en France, mais 41 % en Italie et même 54 % en Espagne !

Compte tenu des chiffres cités, surtout en matière d'emploi des jeunes, existe-t-il une solution au chômage ?

Bruno Colmant : Il n'existe malheureusement pas de solution unique. C'est tout un écosystème qu'il convient de créer avec un partenariat entre l'école, l'encadrement familial, l'apprentissage et l'entreprise. L'erreur est de focaliser les efforts sur un seul segment de l'écosystème et de croire que cela va résoudre tous nos problèmes. Personnellement, j'ai toujours été séduit par le modèle allemand où l'enseignement irradie vers l'entreprise. L'Allemagne soutient l'enseignement technique et professionnel. C'est loin d'être le cas chez nous, où les métiers manuels sont déconsidérés par rapport aux métiers intellectuels. À quatorze ou quinze ans, il ne faut pas s'étonner du décrochage scolaire. Ce n'est pas le cas en Allemagne, grâce à l'apprentissage réalisé en entreprises. C'est pourquoi le taux de chômage des jeunes y reste très faible – de manière relative, il est vrai, puisque la population allemande est vieillissante.

De façon générale, l'enseignement a beaucoup de difficultés à anticiper les mutations technologiques. Ces mutations surviennent dans l'industrie bien avant de toucher l'école. Regardez avec quel retard les ordinateurs sont arrivés dans les classes. L'école doit donc mieux anticiper les progrès techniques. Et les entreprises sont les acteurs les plus aptes à aider les écoles en la matière. Elles doivent leur indiquer leurs besoins de main-d'œuvre, mettre en avant les filières qui ont de l'avenir…

Mais allons plus loin : pourquoi les États-Unis dégagent-ils, à nouveau, un taux de croissance économique supérieur à celui de l'Europe ? Ils ont gagné la crise et gagnent désormais la reprise. Il existe mille explications et portes d'entrée à ce phénomène. D'aucuns expliqueront cette supériorité économique par un impérialisme monétaire, militaire et politique. Après tout, les

États-Unis ont imposé leur monnaie et leur ordre marchand au reste du monde. On pourra aussi trouver de nombreuses explications démographiques, religieuses et philosophiques, tout en accablant, à juste titre, l'insupportable manque d'égalitarisme et d'aide publique collective aux plus démunis.

Il n'empêche qu'ils nous dominent et que notre croissance est dépendante de la leur, n'en déplaise aux prophètes hallucinés de la décroissance.

Pourtant, l'Europe possède beaucoup d'atouts : la diversité des peuples et des langues, une ingéniosité séculaire, une plasticité qui lui a permis de surmonter deux millénaires de guerres et de totalitarisme. L'Europe a aussi réussi à se fédérer sous une coupole de paix.

Mais une chose distingue les deux continents : la mobilité des hommes et des capitaux, et surtout la liberté individuelle, ou plutôt la conscience de la responsabilité liée à cette liberté. Cette conscience est associée à la résilience, terme utilisé pour expliquer la résistance des matériaux aux chocs. Transposé au mental, c'est un phénomène psychologique qui consiste à prendre acte d'un traumatisme pour ne plus en être affecté. Dans le domaine économique, le constat de la résilience est une démarche qui consiste à surmonter l'adversité conjoncturelle. Dans *Du miracle en économie* (1995), Alain Peyrefitte (1925-1999) avance l'idée que les principaux facteurs du développement économique ne sont pas à rechercher dans les causes matérielles qu'on cite habituellement, tels le climat ou les ressources naturelles, mais dans ce qu'il appelle le « tiers facteur immatériel », c'est-à-dire un facteur mental, cet *ethos* compétitif de confiance qui ramène au caractère, à l'état d'âme et à une disposition mentale.

Les Européens attendent plus de la collectivité. Ils ont choisi un modèle social plus redistributif et solidaire. C'est un choix sage, mais qui est probablement associé à une moindre capacité d'initiative et d'entreprenariat individuel, lui-même corrélé à une moindre croissance.

Mais « un job pour tous », est-ce encore possible vu les évolutions technologiques ?

Bruno Colmant : Oui, c'est possible, à l'exception de ce qu'on appelle le chômage frictionnel. Il s'agit de préparer les gens, notamment les plus âgés, aux mutations technologiques et de ne pas les cantonner dans des fonctions répétitives. L'économie est en mouvement perpétuel.

Paul Jorion : Soyons réalistes : les emplois qui disparaissent sont de plus en plus souvent remplacés par des machines dans le secteur industriel et par des logiciels dans celui des services. Certains imaginent que le secteur des services sera mieux à même de survivre à cette lame de fond. Personnellement, je ne vois absolument pas pourquoi. Si un type de travail intellectuel est très bien rémunéré, il existe une incitation financière à le remplacer par un logiciel pour réduire une fois pour toutes les coûts qu'occasionne cette tâche. Et, paradoxalement, plus ce type de travail intellectuel apparaît complexe à celui qui le fait, parce qu'il est fondé sur des méthodes de calcul difficiles ayant requis un gros effort pour se familiariser avec elles, plus en fait il est « algorithmique » et aisé à reproduire en le modélisant au sein d'un logiciel.

J'ai appartenu dans les années 1990 à la première génération de pionniers qui ont rédigé des logiciels financiers. Avant, vingt minutes étaient nécessaires pour calculer la valeur d'une obligation ; aujourd'hui, si le calcul dure plus d'un dixième de seconde, on hurle. Les logiciels remplacent les hommes. Voyez à la Bourse : les courtiers ont disparu du parquet. Ce sont non seulement des machines qui réalisent les transactions, mais également elles qui prennent maintenant les décisions d'acheter et de vendre. Ce sont ces robots que j'ai déjà évoqués et qu'on appelle « algos » ou « strats ». Ils remplaceront définitivement les *traders* sur les marchés au comptant et à terme, des gens qui, comme chacun le sait, sont souvent très bien payés et se croient en tout cas des génies irremplaçables.

Il est vrai que même des articles de presse peuvent être rédigés par des robots…

Bruno Colmant : Oui, et il existe déjà des programmes qui génèrent des résumés de livres.

Paul Jorion : Il suffit de penser à la chaîne de fast-food McDonald's, qui avait dû faire face à une menace de grève. La direction a immédiatement signalé que des robots étaient prêts à prendre la relève dans les cuisines et que des logiciels existaient déjà pour réaliser la plupart des autres tâches. Une autre chaîne de restauration rapide aux États-Unis, Applebee's, faisait savoir en décembre 2013 que les commandes se feraient désormais dans ses restaurants à l'aide de tablettes intégrées dans les tables, qui serviraient également au règlement de l'addition par carte de crédit : le métier de serveur chez Applebee's se voyait réduit à la portion congrue ! Si l'automation n'est pas poussée au maximum, c'est souvent pour maintenir un « élément humain » dans l'environnement et pour répondre aux pressions exercées sur les entreprises par les pouvoirs publics pour qu'elles « créent de l'emploi ».

Bruno Colmant : Si je vais au bout du raisonnement de Paul, cela signifie que la mécanisation et la robotisation ont disqualifié certains travailleurs. On se dirige vers une société duale, avec d'un côté ceux qui travaillent et de l'autre ceux qui ne travaillent pas. Ou ceux qui ne sont plus capables ou qui n'ont plus besoin de travailler.

Paul Jorion : La disparition structurelle du travail est un problème de société. Dans une conférence qu'il a prononcée à plusieurs reprises en 1928, intitulée « Economic Possibilities for our Grandchildren » (Les alternatives économiques de nos petits-enfants), Keynes disait déjà ceci : « L'interprétation que nous offrons de ce qui nous arrive en ce moment est tragiquement fausse [...]. L'accroissement de l'efficience technologique a lieu plus vite que nous n'arrivons à faire face au problème que pose l'absorption de la main-d'œuvre disponible. » Et il expliquait : « Nous souffrons d'une nouvelle maladie dont certains de mes lecteurs n'auront pas même encore entendu mentionner le nom, mais dont ils entendront abondamment parler dans les années qui viennent – à savoir le *chômage technologique*. Ce qui veut dire le chômage dû au fait que nous découvrons des moyens d'économiser l'utilisation du travail à un rythme plus rapide que celui auquel nous parvenons à trouver au travail de nouveaux débouchés. »

On aura compris que la disparition des emplois due à la machinisation ou à l'« ordinisation », comme on dit de nos jours, est un problème de société aux implications multiples, et cela apparaissait déjà, on le voit, en 1928. Or, comme c'est l'habitude aujourd'hui, on intime aux individus et aux entreprises de résoudre eux-mêmes des problèmes de société. Comme s'ils en avaient les moyens ! Un ravage de plus de la conception de l'*homo oeconomicus*, libre de tous ses choix en fonction de son « utilité », comme s'il n'y avait pas de structures encadrant tous nos comportements ! On exige des chômeurs qu'ils retrouvent un emploi par leurs propres moyens, en les soutenant bien sûr financièrement pour un temps, et dans le meilleur des cas sur le plan psychologique, comme si le *chômage technologique* dont parle Keynes était une question d'état d'esprit !

De la même manière, on accuse les entreprises de ne pas créer assez d'emplois. Mais, là aussi, la question est si vaste qu'elle dépasse les moyens des entreprises de régler ce problème de société au coup par coup. Les enjeux du travail et de l'emploi excèdent en réalité de beaucoup les moyens dont disposent les individus ou les entreprises.

Vous êtes donc très pessimiste sur l'impact de la technologie sur l'emploi.

Paul Jorion : Il y a quelques années, j'ai été invité par un groupe lié à la Commission européenne pour faire une conférence sur le thème « Les nouvelles technologies, créatrices d'emploi ». J'ai expliqué que les nouvelles technologies, c'est effectivement formidable, mais j'ai émis de sérieux doutes sur leur capacité à créer des emplois en quantité. Dans le domaine des biotechnologies, par exemple, une entreprise peut faire des milliards de chiffre d'affaires en employant à peine une cinquantaine de personnes.

La réindustrialisation est un rêve qui n'aura – heureusement ou malheureusement – pas lieu. Pensez à la compagnie Apple, très fière de réindustrialiser, et qui relocalise une unité de production aux États-Unis pour créer… 300 emplois. Alors que c'étaient des milliers de postes qui avaient été délocalisés !

On ne recréera pas dans nos pays de nouveaux laminoirs ou de nouvelles usines automobiles employant des milliers de personnes. C'est terminé : c'est ce type de production industrielle dans sa totalité qui a disparu.

Bruno Colmant : Je comprends Paul, mais je suis moins pessimiste que lui sur l'effet de la technologie. Un nombre grandissant d'économistes suggèrent que nous entrons dans une économie non pas décroissante, mais a-croissante, c'est-à-dire caractérisée par l'absence de croissance suffisante. Les Américains parlent de *secular stagnation*, qui désigne un état stationnaire de l'économie.

Si cette situation était constatée, elle serait bien sûr catastrophique puisqu'elle figerait les déséquilibres sociaux et cristalliserait de nombreux paramètres, telle l'insoutenable dette publique. Une stabilisation de l'économie entraînerait, par conséquent, une politique de moindre distribution des richesses, qui elles-mêmes ne seraient plus générées ou, à tout le moins, ne croîtraient plus.

Au reste, seul un régime autoritaire et égalitaire permettrait d'ordonnancer une économie sans croissance. La croissance économique est, en effet, corrélée avec la liberté individuelle.

Certains imaginent même que le *statu quo* économique est souhaitable, comme s'il existait un état stationnaire qui constitue le point d'équilibre de l'économie, un niveau d'évolution qui minimise les perturbations de tous types, qui rendrait l'avenir enfin prévisible et rassurerait la plupart des agents économiques.

À contre-courant de ces idées déclinistes, je crois que la croissance économique se déploiera. Elle sera inattendue car, par essence, les découvertes et les inventions émergent par jaillissements. De véritables révolutions électroniques, informatiques et médicales nous attendent. Les variables engorgées trouveront une solution étonnante.

Et puis le temps diluera les problèmes financiers, parce qu'ils ne relèvent que du symbole. Seuls comptent l'économie réelle et le partage intelligent des ressources et des revenus afin d'assurer la solidarité sociale dans le respect de l'entreprenariat. Nous aurons du progrès. Et il sera différent de ce que nous connaissons, puisque l'avenir n'est pas linéaire. Le progrès trouve son moteur dans des déséquilibres permanents.

En d'autres termes, une stabilisation apparente n'intégrerait pas le facteur essentiel du progrès, à savoir le déséquilibre permanent des agrégats économiques et la réallocation permanente des capitaux et du travail. Elle nierait aussi l'aléa, positif ou négatif, lié aux différents états de la nature. Or, cet aléa est, globalement et sur une période suffisamment longue, positif pour les économies.

D'ailleurs, un indice ne trompe pas : les prospectives déclinistes émanent toujours de personnes âgées… Jamais de jeunes !

Paul Jorion : Il faut cependant toujours garder à l'esprit, Bruno, que la croissance, c'est toi qui l'avais souligné en citant Marx, n'est nécessaire que parce que, sous notre régime de propriété privée, il faut rétribuer sous forme de rente, intérêts ou dividendes, les propriétaires des facteurs de production. La nécessité de la croissance, c'est un artefact de notre système social, il ne faut jamais l'oublier.

Et revenir à une économie plus locale, est-ce une solution ?

Paul Jorion : Oui, une économie plus locale dans une perspective modulaire. Avec la dépense d'énergie fossile, avec la production de CO_2 que cela implique, il est injustifiable de faire parcourir à des marchandises la moitié de la circonférence du globe si elles peuvent être produites localement. Je me souviens d'un restaurant en Californie où le patron venait vous expliquer qu'il ne vous proposait au menu qu'une eau minérale californienne parce qu'il estimait scandaleux que ses confrères fassent venir par avion de l'eau de Vittel ou d'Évian dans de lourdes bouteilles de verre. Il avait parfaitement raison.

Je ne suis pas partisan de solutions qui vous expliquent qu'il faut commencer par diviser par deux ou par trois le chiffre de la population mondiale. Il y a quelques années, un débat avait eu lieu sur mon blog entre des partisans de la décroissance et moi-même. Ils proposaient de recréer des villes qui ne dépassent pas 35 000 habitants. J'habitais à l'époque Los Angeles, dont le comté compte 13 millions d'habitants ! Diviser Los Angeles en unités de 35 000 habitants, alors que la ville se situe dans une zone semi-désertique, ce n'est pas que c'est irréalisable, ça n'a tout simplement aucun sens.

Une autre proposition décroissantiste, c'est de recréer notre monde tel qu'il existait en 1975. Ce serait bien entendu formidable, mais là aussi ce n'est tout simplement pas possible : sans l'ordinateur individuel ? sans le téléphone mobile ? sans pouvoir nous déplacer dans la ville en sachant que nos enfants peuvent nous appeler à tout moment s'il y a un problème ? Nous serions bien incapables de revivre dans ce monde : 1975, c'est il y a seulement quarante ans, mais nous aurions le sentiment d'être devenus des Amish, dans leur monde sans moteurs !

Ce qui est possible, et ce vers quoi il faudrait que nous nous dirigions – si nous arrivons à mettre hors la loi l'obsolescence programmée, à laquelle tiennent tant nos industriels, et qui devrait être prohibée ! –, c'est la production modulaire : que les châssis de voiture, qui dureront cent ans, soient fabriqués dans des usines peu nombreuses dispersées à la surface du globe, mais que les « modules » à durée de vie plus réduite, des batteries par exemple, soient manufacturés localement en de multiples endroits. Ça, cela aurait un sens : la faible périodicité du déplacement justifiant éventuellement des frais de transport plus élevés et une dégradation de l'environnement dont nous saurions qu'elle n'est heureusement que ponctuelle.

Mais il faut le souligner : bannir l'obsolescence programmée, c'est faire prévaloir un principe contraire à la maximisation du profit, autrement dit atteindre le capitalisme en plein cœur. Le genre de choses contre lesquelles il se défend toujours avec vigueur. Il faut le savoir. Pourquoi le profit doit-il être maximisé ? Personne ne pourra jamais vous l'expliquer, mais chacun s'accordera à vous dire qu'il s'agit d'une chose excellente, même si la limite ultime du profit, c'est la mise en péril de la subsistance de l'acheteur s'il s'agit d'un achat, ou celle de l'emprunteur s'il s'agit d'un prêt !

Une autre idée est souvent avancée par divers penseurs face à la disparition d'emplois : une « allocation universelle », une somme versée à chacun. Ceux qui n'ont pas de job ne seraient plus stigmatisés en tant que chômeurs et ceux qui voudraient travailler pourraient toujours le faire.

Paul Jorion : Si l'emploi disparaît, l'allocation universelle pourrait effectivement être une solution. Mais on doit tenir compte du fait que nous sommes historiquement une espèce laborieuse. Quand le travail n'est ni dangereux, ni avilissant, ni abrutissant, nous aimons travailler : le travail est pour nous la principale source de la reconnaissance que les autres nous accordent. Hegel se demandait déjà s'il était imaginable que les hommes puissent être heureux sans travailler. Il ne le croyait pas. Franchement, je ne le crois pas non plus.

Sur un autre plan, nous consommons chaque année l'équivalent de 1,6 planète en termes de ressources. Si l'on veut faire baisser ce chiffre de 1,6 à 1 – ce qui est le minimum si l'on veut ne pas dégrader encore davantage notre planète, et la remettre en état sur ses territoires les plus abîmés –, il faut entamer immédiatement une transition énergétique comme celle prônée par Jeremy Rifkin, et ne pas continuer à exploiter, dans le cadre de la politique de la terre brûlée qui semble caractériser notre espèce, des ressources qui n'existent qu'en quantités limitées.

Il nous faut dans un premier temps remettre notre planète en état, pour pouvoir utiliser ensuite les ressources qu'elle nous offre avec générosité dans une perspective durable, soutenable. Voilà qui va créer de très nombreux emplois, et des emplois où les tâches à remplir sont gratifiantes : le genre de travail qui met de bonne humeur lorsqu'on se lève le matin. Lorsque j'étais jeune, j'ai participé à la remise en état de rivières. Croyez-moi, il y a peu de choses qui soient aussi gratifiantes, qui donnent à ce point, quand on va se coucher le soir, la satisfaction de la tâche accomplie, le sentiment que l'on a consacré sa journée à quelque chose d'utile.

Tant que l'on n'a pas compris que la planète doit être d'abord remise en état, l'allocation universelle est un moyen adéquat pour que la population dispose de revenus suffisants pour consommer, puisque l'économie a besoin que l'on achète les biens qui ont été produits. Mais c'est un pis-aller tant qu'une véritable prise de conscience de la nature du problème n'a pas eu lieu.

Je me souviens d'un nouveau centre commercial à Cluj-Napoca en Roumanie. Je m'y trouvais peu de temps après son inauguration. Les gens étaient nombreux à circuler dans les allées centrales, mais les magasins eux-mêmes étaient vides, faute de pouvoir d'achat dans la population. Ce n'est évidemment pas comme cela qu'une économie peut fonctionner, et je ne vous parle pas là du consumérisme – d'objets qu'on finit par vous vendre parce qu'on vous les a forcés dans le gosier à coups de publicité et de marketing –, mais de choses dont nous avons véritablement besoin, qui nous sont *utiles*, pour employer un terme aujourd'hui malheureusement galvaudé.

Bruno Colmant : Je partage le sentiment de Paul. Si je limite ma perception au seul niveau de l'économie, je crains que certains hommes qui dirigent l'Europe ne soient en train de saper les fondements d'un projet de prospérité, puisqu'ils tolèrent, à coups d'ukases, des taux de chômage plus élevés que ceux qui accablèrent les années sombres de la grande dépression des années 1930. Comment intégrer, dans un projet positif, des taux de chômage qui excèdent 25 % (et plus de 50 % pour les jeunes) dans certains pays du Sud ? Est-ce le reflet d'une impossibilité à fédérer des approches économiques divergentes au sein d'une structure européenne aux fondations fragiles ? Ou est-ce, plus simplement, une attitude superficielle et désinvolte de certains responsables politiques européens pour lesquels les effervescences médiatiques se substituent à une approche rigoureuse et courageuse des problèmes ? C'est difficile à dire.

Cette crise révèle aussi le manque de clarté décisionnelle au niveau européen. L'Europe a construit d'invraisemblables méta-structures embrouillées dans un corps administratif gigantesque, mais la mise en œuvre des politiques budgétaires est déléguée aux États par des capitulaires dont les *missi dominici* sont les commissaires européens.

Comme Paul, depuis le début de cette crise, j'ai l'intuition d'un très profond choc sociétal d'une envergure qui exige de s'extraire de la décision par abstention.

Tout cela donne l'étrange impression d'un monde ancien qui se dissout.

Mais, de manière pratique, si l'on devait effectivement adopter ce principe d'allocation universelle, à quel niveau la fixer ?

Paul Jorion : C'est difficile à dire. Il faudrait décoller en tout cas du niveau où il ne s'agirait que d'exercer la *charité* de toujours sous une nouvelle appellation.

Dès que l'on y réfléchit un peu, on découvre de nombreuses implications d'une mesure de ce type. Ainsi, si l'on fixe l'allocation à un certain niveau et qu'on laisse la spéculation se poursuivre en matière d'immobilier, il faudra l'indexer sur le prix du logement. On ne serait pas au bout de ses peines !

À l'occasion d'une « votation » en Suisse sur l'allocation universelle, des calculs ont été faits sur son coût. Même compte tenu du fait qu'elle remplacerait un certain nombre d'aides déjà existantes, son coût serait considérable. Seul un tiers de la somme pourrait être rassemblé de cette manière. Il est donc naïf d'imaginer que l'on pourrait trouver les montants nécessaires sans aller puiser dans les autres postes que les salaires des employés du rang entre lesquels est partagée aujourd'hui la nouvelle richesse créée : c'est-à-dire qu'il faudrait aller puiser dans les dividendes alloués aux actionnaires, dans les intérêts servis aux « capitalistes », les détenteurs du capital, et dans les rémunérations extravagantes versées actuellement aux dirigeants de grosses entreprises.

Mais ces sommes-là, au contraire des salaires que nos dirigeants estiment indéfiniment compressibles, sont aujourd'hui considérées comme intangibles. Autrement dit, pour assurer le versement d'une allocation universelle, c'est un véritable basculement de notre modèle de société qui est requis.

Cela dit, il existe une alternative qui avait été proposée par le philosophe économiste suisse Jean Charles Léonard Simonde de Sismondi (1773-1842). Ce qu'il avait suggéré, c'est que tout individu remplacé par une machine reçoive à vie une rente perçue sur la richesse que cette machine crée désormais à la place de celui qu'elle a remplacé.

C'est révolutionnaire. Mais qui va payer cette rente chère à Sismondi ?

Paul Jorion : Il serait logique que, en tenant compte de l'amortissement du robot, le profit réalisé par l'entreprise ne se borne pas à enrichir les actionnaires et à multiplier jusqu'à l'infini la rémunération des dirigeants, comme c'est le cas aujourd'hui, mais aille aussi à ceux qui ont été remplacés par la machine.

Bruno Colmant : C'est effectivement assez révolutionnaire. Cela signifie que les gains de productivité devraient être exclusivement versés aux travailleurs.

Paul Jorion : Écoutez, quand j'étais gosse dans les années 1950, on nous parlait sans cesse du prochain millénaire. On était convaincu qu'en l'an 2000, comme on disait, le progrès aurait libéré les hommes. Ils travailleraient bien encore un peu, mais, le reste du temps, ils se consacreraient à des activités culturelles et se divertiraient en compagnie de leurs enfants et de leurs petits-enfants. Eh bien, une mesure du type de celle proposée par Sismondi aurait permis l'avènement d'une telle société, au lieu que l'ensemble des gains liés à la machinisation soient trustés comme aujourd'hui par une petite fraction de la population, un petit nombre de privilégiés.

Bruno Colmant : C'est un peu troublant, ce que nous dit Paul. On doit désormais prendre en compte le fait qu'il peut exister des périodes où le progrès est destructeur net d'emplois. Le progrès humain se traduit par un certain gain de productivité. Et la question est de savoir comment il faut répartir ce gain entre travail et capital.

Depuis 1999, la zone euro a enregistré une hausse de 25 % des gains de productivité. Mais on remarque qu'en Allemagne les salaires réels n'ont pas augmenté, alors que dans les pays du sud de l'Europe ils ont augmenté de 25 %. Cela signifie qu'en Allemagne les gains de productivité ont été maintenus dans l'entreprise. C'est positif pour l'industrie allemande, mais il est évident aussi qu'une telle attitude ne stimule pas la consommation.

Plus globalement, l'Europe s'est trop focalisée sur le combat anti-inflationniste, au détriment de la croissance économique et de l'emploi. On aurait dû créer davantage d'inflation, de 4 à 5 %, même 6 ou 7 %. Le dogme contre l'inflation, favorablement accueilli par l'Allemagne, ne m'a jamais paru fondé. Ce qui était aberrant, c'était d'avoir voulu une inflation basse avec un endettement public et privé en augmentation.

Paul Jorion : Oui, mais si l'on regarde les chiffres de près, on s'aperçoit que l'endettement en Europe n'est devenu un véritable problème qu'en 2008. Des pays en crise aujourd'hui, comme l'Italie, géraient leur dette au mieux. C'est quand les États ont dû se porter au secours du secteur financier, non pas seulement pour éponger des pertes économiques, mais aussi pour régler les pertes spéculatives dues aux paris perdus que les financiers avaient faits entre eux, que la dette a soudain basculé du raisonnable vers l'excessif. Nos dirigeants se tournent maintenant vers nous et nous disent : « Cela fait des dizaines d'années que vous avez vécu au-dessus de vos moyens ! » Non, messieurs, vous vous payez la tête du monde : la dette est excessive parce que vous avez capitulé devant le chantage exercé par des banques devenues systémiques, susceptibles d'entraîner l'ensemble du système financier dans leur chute, et cela parce que vous avez déréglementé le secteur financier au fil des années. La faute n'est pas la nôtre, c'est la vôtre : c'est vous qui vous êtes laissés aller à une dérive idéologique, et ce sont vos fautes que nous payons aujourd'hui !

Quand on me dit qu'un problème financier doit être résolu par une forte inflation, je réponds qu'il ne peut y avoir à cela qu'une seule raison : que, en amont, des problèmes majeurs ont été laissés à l'abandon, sans qu'on ait cherché à véritablement les résoudre, voire, comme je viens de le dire, qu'on les a créés délibérément en vertu d'une inféodation aveugle à des dogmes.

Bruno Colmant : L'erreur, en économie – et c'est sans doute lié au fait que ce n'est pas une science homogène –, c'est de croire qu'un problème est résolu parce qu'on en parle moins. Il en est ainsi de la récession qui sévit en Europe. Certes, le taux de croissance de la zone euro sera sans doute positif en 2014, mais le taux de chômage va probablement rester aux environs de 12 % tandis que l'inflation demeure désespérément basse, malgré une baisse drastique des taux d'intérêt. Coincés entre, d'une part, un pacte budgétaire qui exige un retour à l'équilibre des finances publiques et une réduction de l'endettement, et, d'autre part, une politique monétaire qui interdit un escompte de dettes publiques, comment allons-nous nous extirper de cet état moribond ? Les dettes publiques excéderont sans doute 96 % du PIB de la zone euro en 2014 et leur coût réel sera aggravé par le manque d'inflation. Je continue à me poser la question de savoir si les plans d'austérité et de rigueur, imposés à marche forcée aux pays les plus fragilisés, répondent à une logique économique. Celle-ci m'est, en tout cas, inconnue. Il faudrait mettre en œuvre d'immenses plans d'investissements en infrastructure au niveau européen. C'est Jacques Delors qui avait raison.

Le monde du travail s'est-il réellement adapté aux préoccupations des nouvelles jeunes générations ? Les jeunes n'apparaissent-ils pas comme les « sacrifiés » d'une crise qui les dépasse ?

Bruno Colmant : Je pense surtout que nous vivons une période unique de l'histoire, avec comme seul parallèle la révolution industrielle où l'on a copié les machines à tisser anglaises pour les reconstruire péniblement chez nous.

Il est intéressant de noter aujourd'hui que les avancées technologiques ne proviennent pas des pays européens. Ce progrès est surtout d'origine anglo-saxonne. Et cela provoque une sorte de rupture du contrat social. La croissance a été importée grâce à des outils technologiques venus d'un autre continent. Or, nous voulons toujours asservir la jeunesse au remboursement de la dette des aînés. On demande en réalité à cette jeunesse de croître grâce à Internet, Bill Gates ou Steve Jobs pour maintenir les acquis d'Européens qui les ont précédés, mais qui ne sont pour rien dans la croissance actuelle. Il y a là, à mon sens, un hiatus complet. On ne peut pas demander aux jeunes d'assumer un tel héritage. La jeunesse est en droit de s'interroger sur son obligation sociétale de pourvoir aux pensions, alors que la croissance technologique vient davantage des États-Unis que de l'acquis industriel national.

Cette crise révèle donc une tension entre les jeunes et les personnes âgées. Le système de protection sociale (dont les pensions) va rapidement montrer ses limites de financement dans une économie sans croissance, compte tenu de l'augmentation (heureuse) de l'espérance de vie.

Le financement de ces charges sociales repose sur des jeunes et des travailleurs actifs dont le nombre diminue en fonction du nombre de personnes âgées. Bien sûr, on arguëra que les anciens ont donné naissance aux jeunes d'aujourd'hui qui deviendront les anciens de demain.

Il n'empêche : une inévitable tension générationnelle s'installe. Elle reflète une réalité navrante : le centre d'intérêt politique porte plutôt sur la protection des structures sociales anciennes que sur la promotion de l'emploi des jeunes. Tout se passe comme si les jeunes devaient surmonter deux accablements, à savoir le remboursement des systèmes dont le financement leur est imposé dans une économie qui les prive de croissance et de prospérité.

La jeunesse est obligée de payer la rente d'un capital de bien-être dont les anciens ont bénéficié par anticipation. En cela, l'Europe diffère des États-Unis, où la jeunesse est encouragée et soutenue plutôt qu'accablée. Dans ce pays, elle est libérée plutôt qu'anéantie.

La trame européenne doit probablement refléter un état d'esprit autoritaire et patriarcal qui devrait appartenir à une époque révolue.

D'ailleurs, je me suis souvent demandé si la dette publique, que nous mettons à charge de nos descendants, s'assimilait de loin en loin à la trame catholique de nos communautés, affectées du péché originel. La trame catholique conduit à laver, par une vie exemplaire, la souillure originelle, comme une dette qui doit être remboursée. Dans le cas de la dette publique, il s'agit d'un bien-être prélevé par les anciens, au détriment des futures générations qui devront travailler pour « racheter » les acquis que leur ont laissés leurs ascendants.

Les protestants ont eu une vision différente, cherchant (à tout le moins dans l'optique calviniste) les indices de prédestination. C'est ainsi qu'ils entretiennent, par un cycle d'investissement et de licéité théologique du taux d'intérêt, l'enrichissement et l'endettement destiné à l'investissement. En particulier, les Américains sont imprégnés de la culture de l'accumulation de biens, contraire à l'ascétisme et à l'esprit d'économie et de réinvestissement préconisés par les penseurs de la Réforme. Mais, en même temps, l'endettement entraîné par la consommation pousse à l'effort professionnel (pour rembourser les dettes) et à la prise de risque dans ses investissements (dans l'espoir de se refaire). L'esprit économique américain tend à projeter ses acteurs dans le futur, dans le rebond salutaire d'une consommation excessive dans le présent. L'endettement force à la résilience professionnelle. On retrouve aussi dans cette mentalité américaine le négatif de l'économie de la thésaurisation propre aux anciennes communautés catholiques. L'endettement s'oppose à la thésaurisation dans un vecteur de temps : il exige une création de richesse future, tandis que la thésaurisation ne s'entretient que par l'écoulement du temps passé.

Pour les Américains, la création monétaire peut du reste être utilisée pour rembourser la dette, ce que réfutent les pères fondateurs de la Réforme (luthériens en Allemagne, calvinistes en Hollande et dans les pays nordiques). En allemand et en néerlandais, « dette » et « faute » sont d'ailleurs le même mot (*Schuld*). Dans les pays réformés européens, la dette publique doit être remboursée par l'épargne des contribuables tandis que dans les pays anglo-saxons, d'origine protestante, la création monétaire (c'est-à-dire la planche à billets) peut être utilisée.

Paul Jorion : Si l'on adopte le point de vue de Marx, qui voit dans le capital du travail accumulé, alors il faut dire que la part de travail accumulé est aujourd'hui énorme par rapport à la part de travail qu'il est encore nécessaire d'investir comme avances dans la production ou dans le processus de distribution. Le « capitaliste » qui détient ce capital, constitué aujourd'hui de logiciels et d'ordinateurs, a, pour obtenir une rente constante, de moins en moins besoin que l'on crée de nouveaux emplois. On pourrait parler – sur le modèle de la « loi de baisse tendancielle du taux de profit » que Marx a reprise à Adam Smith – d'une « loi de baisse tendancielle du taux de travail », qui signalerait un mouvement en ciseaux entre la quantité de travail accumulé (sous la forme d'un capital), qui augmente, et la quantité de travail à apporter comme avances dans la production et dans la distribution, qui baisse en termes absolus.

En Asie, la société taïwanaise Foxconn, qui fabrique des smartphones et des tablettes, a pour objectif d'équiper ses usines d'un million de robots – oui, un million de robots – pour remplacer les 1,2 million de salariés qu'elle compte en ce moment.

Le fait est là : il n'y a plus assez de travail pour tous ceux qui n'ont pas d'autre choix pour obtenir des revenus que de louer leur force de travail, et qui constituent toujours la grande masse de la population. La nouvelle dynamique sur le marché de l'emploi, qui fait que les développements technologiques font disparaître l'emploi, n'a pas été prise en compte.

Bruno Colmant : Nous sommes ici au point central de notre message, c'est en quelque sorte le cœur du réacteur que l'on touche. Par la robotisation et les gains de productivité, le rendement du capital est supérieur au taux de croissance de l'économie, ce qui signifie que la partie travail est inéluctablement en voie de précarisation. Cela crée une société dichotomique, avec, d'une part, ceux qui doivent vivre uniquement de leur travail et qui éprouvent de plus en plus de difficultés à joindre les deux bouts, et, d'autre part, ceux qui ont du travail passé accumulé qui s'autoalimente grâce à des gains de productivité. En d'autres mots, accumuler de la richesse est bien plus aisé grâce au capital que grâce au travail. C'est le message de l'économiste Thomas Piketty. Il y a un effet de capture de la richesse. S'il y a un élément de flottement social qui doit émerger, c'est de là qu'il proviendra.

Quel est le message à donner aux jeunes dans ce contexte ? Que peuvent-ils faire ?

Paul Jorion : On dit souvent aux jeunes que des études universitaires sont une garantie de trouver un emploi, une assurance de ne pas être remplacé par un robot. Mais, comme on l'a vu, cela a cessé d'être vrai et le sera de moins en moins. Ceux qui ne seront pas remplacés un jour ou l'autre par un robot le seront par un logiciel.

Ne peut-on pas créer une meilleure adéquation entre la formation des jeunes et les besoins des entreprises ?

Paul Jorion : Sur le papier en tout cas, la solution, c'est alors le corporatisme. On crée des sas professionnels : la profession constituée en corps détermine que l'on fera entrer cette année tant de dentistes, tant de journalistes… Mais on sait historiquement que de telles corporations abusent rapidement de leurs pouvoirs et adoptent des comportements mafieux. On ouvre la porte à tous les abus. Les syndicats laissés sans contrôle ont souvent connu une telle dérive. Les cinéphiles se souviennent de *Sur les quais* d'Elia Kazan, en 1954, avec Marlon Brando dans le rôle du docker incorruptible et Lee J. Cobb dans le rôle du patron véreux du syndicat.

Et puis, peut-on simplement mettre comme cela les vocations entre parenthèses ? Faut-il que celui qui désire réellement devenir journaliste se plie à une logique implacable de quotas ?

Une autre solution est souvent évoquée pour résoudre le problème de l'emploi : les anciens dans une entreprise doivent céder leur place à de plus jeunes. Quelle est votre opinion sur le sujet ?

Paul Jorion : Ce n'est pas une solution, on se débarrasse ainsi d'un coup d'une expertise patiemment capitalisée, c'est simplement ridicule. On ne pourrait mieux démontrer que l'on n'a pas réfléchi une seconde à la véritable nature du problème qui se pose.

Bruno Colmant : L'Allemagne n'a jamais connu ce type de débat. Les plus anciens restent au travail pour aider et former les plus jeunes.

Mais je reviens à ma question : que peuvent faire les jeunes aujourd'hui face à un marché de l'emploi de plus en plus fermé ? L'équilibre de plein emploi cher à Keynes n'existe donc plus ?

Paul Jorion : Il n'y a plus d'équilibre de plein emploi. Le chômage structurel en hausse constante fait que le plein emploi est désormais hors d'atteinte. Il faut reposer la question du travail en des termes entièrement nouveaux.

Bruno Colmant : Cette notion d'équilibre de plein emploi m'a toujours paru suspecte. Il y a trente ans, nous avons commencé à endetter collectivement nos pays pour adoucir la transition vers l'économie des services, très différente du contexte industriel. Nous espérions que la démographie et la productivité futures nous extirperaient sans douleur d'une dette publique qui enflait. Malheureusement, cet espoir de l'État-providence qui se rembourse tout seul aurait exigé une économie géographiquement statique. C'était compter sans la mondialisation qui déplace le progrès et la croissance au gré de l'ouverture des peuples et des marchés.

Aujourd'hui, nous entamons une nouvelle transition qui est celle de l'inventivité technologique et de la libération de la créativité. Cette transition technologique sera celle de la jeunesse. C'est pour cela que nous ne pouvons pas l'accabler sous un chômage étouffant, car ce serait la triste illustration que les baby-boomers d'après-guerre ne lui auront pas passé le relais de la croissance. De nombreux économistes et hommes politiques évoquent le risque de la révolution sociale pour mettre fin aux politiques d'austérité et autres oppressions budgétaires. Mais, à mon grand étonnement, il ne se passe rien. Rien, sinon une résignation « intranquille » qui s'exprime silencieusement dans des votes populistes, simplistes et extrêmes plutôt qu'au travers de mouvements organisés. Les raisons sociologiques de ce phénomène sont obscures : disparition des oppositions idéologiques liées à une immersion de nos communautés dans l'économie de marché, absence de structure organisée par les jeunes (les « indignés » furent une mobilisation éphémère et diffuse), mise à l'écart du malaise de la jeunesse par les médias traditionnels, expression de la rancœur sociale par des réseaux sociaux qui la diluent plutôt que par des expressions externalisées et organisées, désintérêt des organisations syndicales qui s'inquiètent de la protection des travailleurs âgés plutôt que jeunes… ? Serions-nous devenus des rentiers d'idées ? Des cyniques ? L'épuisement et la colère contre la crise s'émoussent-ils ? Cette anémie sociale perdurera-t-elle ? La peur du futur domine-t-elle l'accablement du présent ? Je ne sais pas.

Quoi qu'il en soit, plusieurs questions vont animer les débats politiques des prochaines années : l'équilibre entre le capital et le travail, les tensions générationnelles, la contribution des patrimoines et revenus privés aux endettements collectifs, etc. Nos économies sont devenues des cénacles passéistes, cherchant collectivement la sécurité au détriment de l'entreprenariat individuel. Cette posture, qui est l'héritière lointaine des tutelles ecclésiastiques, a été confortée par l'État-providence. Or l'État-providence est un fatras idéologique confus, reflétant plutôt les circonstances de la reconstruction industrielle d'après-guerre qu'un état normal de l'économie.

Est-ce cette fiction de la providence économique qui nous conduit à tolérer l'abyssal chômage des jeunes, que nous avons délaissé au profit d'une monnaie stable et « désinflatée » ? Ou est-ce simplement un manque de lucidité ou de courage ? Ce déséquilibre du chômage des jeunes n'a plus de sens. Il est même mortifère. Je crois de plus en plus que nos communautés vont être traversées par des chocs sociologiques inattendus, qui forceront à repenser l'équation sociale dans le sens d'une plus grande justice. La désespérance économique ne peut pas être un projet de société.

Paul Jorion : Individuellement, un jeune ne dispose d'aucun moyen pour faire face à une telle situation qui est structurelle et à l'échelle d'une société dans sa globalité. Collectivement, les jeunes peuvent toutefois se battre en tant que citoyens pour obtenir une meilleure redistribution de la nouvelle richesse créée entre travail et capital.

À vous entendre, c'est comme si les avancées technologiques n'étaient plus synonymes de progrès pour la société dans son ensemble. C'est finalement assez sombre comme vision.

Bruno Colmant : Le progrès reste une très bonne chose. Regardez en matière de santé. Si Beethoven avait pu vivre plus longtemps, combien de symphonies exceptionnelles aurait-il encore pu composer ? Aujourd'hui, c'est assez extraordinaire que, à l'âge de soixante ou soixante-dix ans, il soit toujours possible de continuer à créer.

Paul Jorion : Personnellement, je serais aveugle aujourd'hui, et depuis l'âge de cinquante-neuf ans, si l'on n'avait pas remplacé mes cristallins opacifiés par la cataracte par des cristallins en plastique. Les progrès sont extraordinaires dans ce domaine-là. J'ai vécu des dizaines d'années avec une vision déclinante et j'ai fini par être aveugle, ce qui vous plonge à votre insu dans un état de dépression permanente. Aujourd'hui, je vois parfaitement : mieux que je n'ai vu toute ma vie.

Bruno Colmant : Le progrès est une excellente chose dans l'absolu, mais à condition d'en assurer le partage, par classe sociale, par âge… Il s'agit de retrouver un nouveau lien social.

Paul Jorion : Le progrès n'est pas une malédiction, pour autant qu'une part significative de la richesse créée aille à ceux qui ont été remplacés par une machine.

Mais cette approche, qui paraît pourtant évidente aussitôt qu'on la formule, n'a jamais été envisagée. J'avais réinventé cette proposition avant de découvrir il y a quelques années seulement que Sismondi l'avait préconisée dès les premières années du XIXe siècle. Il faut ressusciter ce principe, qui sous-tendait implicitement notre représentation d'un an 2000 radieux, selon lequel tout individu remplacé par une machine doit recevoir à vie une rente ponctionnée sur la richesse que cette machine va créer.

Sismondi, c'est donc la solution, le modèle à suivre ?

Paul Jorion : Le choix est le nôtre : soit effectuer une révolution douce à la Sismondi, au niveau de nos principes de vie en société, soit laisser le pouvoir à la rue, qui viendra avec des solutions qui seront probablement brouillonnes en raison de leur simplisme, faute d'une conceptualisation adéquate du problème qui se pose. Dans le meilleur des cas, ces solutions n'aboutiront à rien ; dans le pire des cas, elles déboucheront sur des massacres, des goulags ou des camps de la mort.

Nous souhaitons vainement depuis Platon que le Prince devienne philosophe. Combien de millions de morts supplémentaires faudra-t-il encore avant que le Prince se rende à l'évidence et cesse de consulter de préférence les hommes d'affaires, en proie pour la plupart à la fièvre de l'or ? Pour notre malheur, nos dirigeants d'aujourd'hui tournent le dos aux philosophes d'une manière grossière et absolument inédite dans l'histoire. Pourquoi ? Arnold

J. Toynbee (1889-1975), le philosophe de l'histoire, avait sans doute deviné la raison ; c'est lui qui a dit : « Les civilisations ne meurent pas assassinées, elles se suicident. »

VII

La finance de demain

Depuis 2007, les banques sont accusées de tous les maux. Les États ont été obligés d'intervenir pour sauver quelques grands noms de la finance. Depuis lors, les institutions financières ont dû s'astreindre à un régime forcé. Les régulateurs ont accru leurs contraintes sur les banquiers. Surtout est apparu un grand débat sur la séparation, nécessaire ou non, des activités bancaires, entre les activités de dépôt et les activités plus risquées (banques d'affaires ou banques d'investissement). En d'autres mots, convient-il d'empêcher les banques d'utiliser l'argent des déposants (garanti par les États) pour spéculer ?

La solution choisie aux États-Unis est connue sous le nom de règle Volcker. Cette réglementation interdira dès juillet 2015 aux banques de faire du négoce à court terme de titres, de produits dérivés et de contrats sur les matières premières pour leur compte propre (*proprietary trading*). Les banques ne pourront plus investir dans des fonds spéculatifs (*hedge funds*). Des exceptions permettent toutefois aux institutions de poursuivre des opérations dites de couverture.

Au niveau européen, la Commission a proposé une réforme structurelle, mais uniquement pour les grandes banques. Ces dernières ne pourront plus faire d'opérations pour compte propre sur instruments financiers et sur matières premières. La Commission a toutefois renoncé à rendre obligatoire la séparation juridique des activités de banque de détail et de banque d'investissement.

Faut-il revenir à une séparation stricte des métiers bancaires ? Est-ce la solution miracle pour mieux discipliner le monde financier ?

Paul Jorion : Le *Glass-Steagall Act* avait été instauré aux États-Unis en 1933 pour empêcher que les banques ne recourent une fois encore au procédé qu'elles avaient utilisé en 1929 : mobiliser l'argent des déposants pour essayer de se refaire sur les marchés par la spéculation. On a donc séparé les activités de gestion de comptes et d'intermédiation des activités d'investissement et de spéculation. Quand, sous l'administration Clinton, Robert Rubin et Larry Summers ont voulu abroger le *Glass-Steagall Act*, il n'était déjà plus vraiment nécessaire de séparer les deux grands types d'activité, banque de dépôt et banque d'affaires, car les techniques bancaires fondées sur les produits financiers dérivés permettaient de contourner la loi par la création de positions « synthétiques ». Un « prêt synthétique », par exemple, est une vente déguisée en prêt, ce qui permet de bénéficier de déductions fiscales sur le versement de flux d'intérêts créés artificiellement en vue d'obtenir un abattement fiscal. Autre exemple : il est interdit à une compagnie de produire un effet de levier en prenant ses propres actions comme un actif. Mais est-il spécifiquement interdit à une compagnie de considérer des *warrants* comme des actifs, les *warrants* étant des options sur les actions de la compagnie ? Non, et c'est ce que fit la compagnie Enron !

Une pratique est interdite par la loi ? Ce n'est pas gênant : on la recrée *synthétiquement* en combinant des éléments qui ne sont pas, eux, spécifiquement interdits. L'hypocrisie est patente, mais il se trouve que considérer des *warrants* comme des actifs n'est pas spécifiquement interdit par la loi, donc c'est permis ! L'esprit de la loi n'est bien entendu pas respecté, mais la lettre n'est pas enfreinte et… c'est tout ce qui compte !

A posteriori, on sait pourquoi cette abrogation du *Glass-Steagall Act* a eu lieu. Le secrétaire d'État au Trésor, le ministre des Finances américain, Robert Rubin, désirait décrocher un poste chez Citigroup, nouvelle entité résultant de la fusion de la banque Citicorp et du groupe Travelers, une compagnie d'assurances. Et, effectivement, il deviendrait l'un des principaux dirigeants de Citigroup, sa carrière culminant dans le poste de *Chief Executive Officer* (CEO), l'équivalent d'un P-DG.

Dans ce débat sur la scission des activités bancaires, ma position, comme je l'ai déjà dit, est très simple : il faut interdire la spéculation, et non pas essayer de l'apprivoiser d'une manière ou d'une autre – ce qui constitue une perte de temps, car toute demi-mesure sera aisément contournée. Les grandes banques américaines comme Goldman Sachs et JP Morgan redoutent évidemment une séparation de leurs activités, puisque les opérations spéculatives cesseraient de bénéficier de la garantie de l'État – ce qui peut rapporter gros, comme l'a mis en évidence la crise de 2008 –, et elles le proclament haut et fort, mais je n'exclus pas qu'il y ait de leur part un aspect tactique dans ces protestations véhémentes : elles pourraient très bien s'accommoder d'une séparation en plaçant les activités spéculatives dans des filiales ou en repoussant ces activités dans le *shadow banking* (la finance de l'ombre), qui est à peine régulée.

Il n'empêche que, dans la scission des activités bancaires, le problème à régler n'est pas résolu : il est à peine déplacé, repoussé un peu plus loin.

Pour moi, la solution ne peut être trouvée qu'en prenant des mesures le plus *en amont* possible. L'interdiction pure et simple de la spéculation, comme c'était le cas autrefois, appartient à ce type de mesures qui règlent d'un coup une myriade de problèmes tout en étant formulable en quelques paragraphes seulement.

Bruno Colmant : J'ai une vision plus nuancée des choses. La banque est fondée sur la diversification des risques. Et la crise a montré que c'est la concentration des risques dans certains actifs ou secteurs qui a déclenché l'effet domino. Dans le débat actuel, il convient de s'assurer que les pondérations en fonds propres sont adaptées aux risques des différentes activités. Séparer juridiquement les entités ne fera que déplacer le problème. Car les activités de banque d'investissement devront de toute façon être financées par quelqu'un. Et la source la plus probable de fonds sera un emprunt réalisé auprès d'une banque de dépôt.

Je pense que ce débat sur la scission a pris une vigueur particulière parce que les banques d'affaires ne répondent pas de manière prévisible aux injonctions de la politique monétaire. Et cela dérange très fort les autorités publiques. Ces dernières désirent dès lors exercer un contrôle plus étroit sur les seules institutions de dépôt. Cela permettrait de répercuter plus aisément dans l'économie les décisions de politique monétaire, telle une baisse des taux d'intérêt directeurs.

Personnellement, je ne suis donc pas partisan d'une séparation. Si nous avions eu des banques très traditionnelles en 2008 qui avaient investi dans les seules obligations d'État (censées être des obligations garanties), on aurait connu une autre grande catastrophe, car le risque souverain a vite remplacé le risque systémique bancaire.

Paul Jorion : Harry Markowitz, qui a reçu un prix Nobel d'économie en 1990, a affirmé avec sa théorie du portefeuille efficient que le risque d'un portefeuille de titres peut être réduit en le diversifiant. On peut en effet, en diversifiant un portefeuille de titres financiers, faire que les gains et les pertes se neutralisent partiellement, c'est-à-dire diminuer la volatilité des résultats, gains ou pertes. On peut donc, par la diversification, réduire son risque de pertes exactement dans la même mesure qu'on réduit sa chance de gains. Cette observation est d'une très grande banalité et n'a pu impressionner que des gens à qui la théorie statistique et le calcul des probabilités sont tout à fait étrangers.

Une génération entière a cru naïvement par la suite, et l'on a bien du mal à le comprendre maintenant, qu'ajouter un produit de qualité médiocre dans un portefeuille l'améliore en le diversifiant. « N'est-il pas évident, nous affirmait le raisonnement, que, comme le prix du produit de médiocre qualité que l'on a ajouté au portefeuille baisse alors que celui des produits de bonne qualité qui s'y trouvent monte, le risque global du portefeuille se réduit, le risque à la hausse et le risque à la baisse se neutralisant ? » C'est ne pas comprendre que le risque de hausse n'est appelé « risque » que par malentendu : le *risque* de hausse, c'est une *chance* de gain, ce qui n'est rien d'autre que l'objectif poursuivi ! Le sens commun comprend très bien que la performance d'un portefeuille *baisse* si on lui ajoute un produit médiocre, et c'est lui qui a parfaitement raison : nul besoin de neutraliser une *chance* de gain par un *risque* de perte !

Bien sûr, Markowitz lui-même n'est pas responsable des interprétations naïves de sa théorie. Il a écrit, par exemple : « Il y a une règle qui implique à la fois qu'un investisseur devrait diversifier et qu'il devrait maximiser le bénéfice escompté. Cette règle affirme que l'investisseur diversifie (ou devrait diversifier) ses fonds entre les titres qui offrent le rendement maximum... » Les titres qui offrent le rendement maximum sont par nécessité semblables de ce point de vue : leur prix grimpe simultanément, et les acheter parallèlement, c'est donc le contraire d'une diversification. Il faut donc choisir entre rendement maximum et diversification, et… la règle de Markowitz s'assimile donc à un pur truisme affirmant qu'il faut choisir entre une chose et son contraire. Une génération entière a été victime du pouvoir de séduction des paradoxes apparents de sophismes du même genre.

On se souvient des discours grandiloquents de celui qui fut président de la Réserve fédérale américaine pendant près de vingt ans (de 1987 à 2006), Alan Greenspan, selon qui, grâce à la titrisation, le risque s'était dispersé au sein de la population, ce qui avait fait gagner le système financier en robustesse. En définitive, ce seraient les « veuves de Carpentras » et autres petits investisseurs éparpillés à la surface du globe qui assumeraient le risque final. On a vu le résultat avec la crise des *subprimes* : ces titres adossés à des prêts hypothécaires américains consentis à des ménages peu fortunés. Ce qui s'est passé en réalité, c'est que les banques ont conservé les produits *subprime* dans leur propre portefeuille, car certains certificats étaient dotés d'une notation AAA, censée signaler l'absence de tout risque de non-remboursement et de non-versement des intérêts dus, alors qu'ils offraient également un haut rendement en raison de la prime de risque de crédit élevée réclamée aux emprunteurs *subprime*, prime qui se trouvait incluse dans le coupon élevé de ces titres.

Les banquiers se sont bien abstenus, de leur côté, d'interpréter fautivement le truisme de Markowitz en pensant que la diversification augmenterait le revenu et, du coup, la dispersion du risque supposée par Greenspan n'a pas eu lieu : les titres ABS (*asset-backed security*) à haut rendement, constitués chacun d'une collection de 5 à 6 000 prêts au logement accordés à des emprunteurs *subprime*, se sont retrouvés regroupés dans le portefeuille des banques. Le haut rendement était dû, je viens de le dire, à la prime de risque de crédit élevée comprise dans le coupon, censée compenser le risque de défaut. Or, en 2008, ce qui devait arriver arriva : le risque de crédit finit par se concrétiser dans l'effondrement du marché dû à l'éclatement de la bulle de l'immobilier américain.

En août 2007, personne ne savait exactement où étaient logés ces titres *subprime*. Ils s'étaient en réalité concentrés dans le portefeuille des banques européennes ou américaines qui avaient préféré les garder pour elles plutôt que d'en faire bénéficier leurs clients.

Simplement augmenter les fonds propres pour faire face au risque, comme le propose Bruno, c'est placer sa confiance dans des modèles statistiques qui sont fondés sur des distributions dites *normales* ou *gaussiennes* d'événements financiers. Mais ces distributions reflétant un hasard « apprivoisé » ne s'observent jamais en finance, essentiellement parce que les intervenants apprennent : ils adaptent (ou tentent d'adapter) leur comportement aux fluctuations qu'ils constatent.

C'est un « hasard » beaucoup plus sauvage, plus désordonné, sans stabilité des distributions statistiques, qui domine le monde financier, comme l'a montré Nassim Taleb : telle distribution statistique des variations de prix sera observée à la Bourse de 1850 à 1910, telle autre de 1911 à 1929, et ainsi de suite. Essayer de maîtriser cela en accumulant des couches de fonds propres supplémentaires, c'est mieux que rien, mais c'est de l'ordre de la conjuration ou de l'exorcisme, c'est absolument sans effet quand le risque réellement couru n'est pas mesurable. Keynes, qui avait une formation de mathématicien, et qui publia en 1921 un *Traité de probabilité*, savait déjà tout cela.

Bruno Colmant : Je suis d'accord avec Paul sur la fiabilité des modèles. Le risque est global dans une économie. Il n'y a pas un risque *subprime* à distinguer d'un risque bancaire ou d'un risque souverain. Il existe surtout un niveau d'ébullition dans l'économie : quand cela tourne mal, tout tourne mal et il n'y a pas moyen d'échapper aux risques. Au reste, on constate que les décorrélations mathématiques s'annihilent en période de crise.

C'est donc une vue de l'esprit de croire que l'on est capable de séparer les activités bancaires, au motif qu'elles réagiraient à des impulsions différentes, alors qu'en définitive elles relèvent toutes d'un même niveau d'instabilité de l'économie. C'est le « cygne noir » de Taleb, c'est-à-dire l'événement inattendu qui crée un point de discontinuité dans une évolution économique qu'on espère naïvement linéaire.

Mais cela révèle une réalité plus fondamentale. Les banques font intervenir deux types d'investisseurs au profil asymétrique : les actionnaires et les déposants (ou épargnants). Les actionnaires apportent les capitaux propres. Ils sont les propriétaires de l'entreprise, dont ils espèrent dividendes et plus-values. Mais, en contrepartie de ces espoirs de rendement, ils sont les premiers à absorber les pertes. En même temps, si les actionnaires supportent les premières pertes, ils ne sont jamais obligés de combler le passif, c'est-à-dire d'apporter des capitaux propres frais en cas d'insuffisance. C'est le principe de la société anonyme. Techniquement, les actionnaires supportent donc le premier risque d'appauvrissement afin de protéger les déposants. En conséquence, une banque doit posséder des capitaux propres suffisants pour éviter que les épargnants soient impactés négativement en cas de perte majeure. Tout en appartenant aux actionnaires, ces capitaux propres agissent comme un absorbeur de choc. Ils constituent un tampon destiné à atténuer les pertes d'actifs. C'est d'ailleurs une des raisons pour lesquelles les actionnaires doivent absolument exercer leur pouvoir de surveillance, et les banques s'imposer plus de transparence dans leur gestion. Depuis longtemps, les théoriciens académiques craignaient que, au niveau mondial, les exigences prudentielles en matière de fonds propres ne soient, en moyenne, insuffisantes pour absorber des chocs extrêmes. Sans cynisme, on peut avancer que la crise a apporté la réponse correcte à une question imprévue, à savoir le calibrage des fonds propres bancaires en cas de chocs planétaires. Cet éclairage explique le rôle des pouvoirs publics dans le sauvetage des banques fragilisées. En effet, comme les banques jouent un rôle central dans l'économie et que, en même temps, il est impossible d'exiger des actionnaires de combler le passif des banques, c'est aux États ou à un nouvel actionnaire de référence d'intervenir afin d'apporter le complément de capitaux propres. En garantissant les déposants, l'État joue le rôle d'actionnaire de recours. Il évite ainsi les effets dominos. Les prises de contrôle de certaines institutions par les autorités publiques ne doivent pas s'interpréter comme des choix idéologiques, mais plutôt comme des réponses empiriques à des problèmes techniques. Lorsque les autorités publiques céderont leurs participations, ce sera dans le cadre de procédures négociées avec des actionnaires privés de contrôle. Ceux-ci devront alors s'engager à renforcer les fonds propres de ces établissements de crédit. Ce relèvement des fonds propres bancaires entraînera donc un phénomène de dilution actionnariale qui ira immanquablement de pair avec une vague de consolidations.

Cela étant, un contrat implicite a été rompu entre la sphère bancaire et l'État. Cet accord tacite consistait à accepter que les institutions financières réalisent des bénéfices en tirant avantage de rentes de situations oligopolistiques. Mais cette liberté de profit avait une contrepartie : les banques devaient se gérer de manière suffisamment prudente pour ne jamais devoir faire appel à l'aide de l'État.

C'est ce contrat implicite qui a amené à élaborer la théorie, désormais fragilisée, du « *too big to fail* », selon laquelle certaines institutions financières seraient trop importantes pour s'écrouler. C'est incidemment la raison pour laquelle il n'est pas sain que l'État reste, à long terme, actionnaire d'une banque. Cela conduit à placer les autorités publiques dans une situation instable, qui consiste à la fois à absorber (au titre d'actionnaire) les pertes bancaires et à protéger (au titre de garant des créanciers) les déposants. Si les capitaux propres des actionnaires servent de rempart à la protection des déposants, l'État ne peut, sauf de manière temporaire et exceptionnelle, être actionnaire et garantir les dépôts.

Paul Jorion : Une petite remarque sur la notion d'actionnaires comme « propriétaires de l'entreprise ». Dans l'excellent vocabulaire qu'utilisait François Quesnay au XVIIIe siècle, les actionnaires sont l'un des groupes accordant des « avances » à l'entreprise, mais cela ne fait cependant pas d'eux ses *propriétaires*. Les actionnaires ne sont propriétaires de l'entreprise ni en fait ni en droit.

Cela dit, affirmer que les actionnaires sont les propriétaires a une fonction idéologique certaine : cela permet de justifier des affirmations péremptoires comme celle de Milton Friedman qui prétend que l'entreprise ne doit rendre compte qu'à ses actionnaires. L'affirmation, si fausse soit-elle en droit, n'est donc pas innocente.

Bruno Colmant : Milton Friedman a eu le mérite d'avancer à visage découvert en formulant une vision claire de sa perception de l'entreprise. Mais Paul a raison : la crise actuelle révèle une fin de modèle. La fin d'un modèle de complaisance, de manque de vision, de déficit de perspectives. Tout se passe comme si nous n'avions, en fait, rien retenu de l'histoire. Ne quittons-nous pas, même à reculons, une économie de marché dont la seule valeur morale devient la prospérité individuelle ? N'avons-nous pas écarté un peu trop rapidement, à la faveur de la « ronald-reaganisation » de l'économie, le rôle des pouvoirs publics, sachant que ces derniers se sont eux-mêmes fourvoyés dans une financiarisation effrénée au travers de leur insupportable endettement ? Avons-nous pris la mesure de l'importance de la jeunesse à laquelle on demande tout et son contraire, à savoir de solder l'endettement des aînés tout en affrontant une économie de chômage ? Et si, imperceptiblement, nos économies européennes changeaient d'orientation idéologique, dégrisées du vent du libéralisme des années 1980 ? J'ai l'impression que cette crise de 2008 est un choc de conscience. Dans un premier temps, elle fut perçue comme une fracture de marché. Mais force est de le constater : seuls les États ont sauvé l'économie de marché. C'est la collectivité qui a sauvé l'entreprise privée. Les États ont aussi mis en œuvre ce qu'on qualifie de stabilisateurs économiques, c'est-à-dire la fonction contracyclique qui consiste à augmenter les dépenses publiques et à encaisser moins de recettes en période de retournement conjoncturel. Si les États sont intervenus, la question est de savoir quel équilibre va s'installer entre le rôle de l'État et l'économie marchande, sachant que ces deux acteurs sont interdépendants. Il s'agit donc d'un véritable débat idéologique portant sur le modèle de société. Le centre de gravité de ce débat n'est pas ancré. Il ne s'agit plus de savoir s'il faut moins d'État à tout prix, mais de savoir comment l'État, c'est-à-dire notre collectivité, s'intègre dans des relations sociales collectives et individuelles harmonieuses.

Pour leur défense, les banques affirment très souvent qu'il est difficile de distinguer entre « spéculation » et « couverture des risques ».

Paul Jorion : C'est absolument faux. La règle 133 du *Financial Accounting Standards Board* (FASB) américain fait clairement la distinction entre activité de couverture et activité spéculative. Il s'agit, à l'aide de cette règle comptable américaine, de distinguer les opérations spéculatives pour les taxer davantage. Il n'y a aucune difficulté à opérer la distinction entre activités spéculatives et non spéculatives : la spéculation est un pari entre deux parties sur le fait qu'un prix va monter ou baisser ; une opération de couverture *transfère* un risque existant d'une personne à une autre, alors qu'une opération spéculative *crée* de toutes pièces un risque qui était inexistant. Dans la loi française, l'article 421 du Code pénal, abrogé en 1885, parlait, pour définir la spéculation, de paris sur l'évolution à la hausse et à la baisse des prix de titres financiers : « Les paris qui auraient été faits sur la hausse ou la baisse des effets publics seront punis des peines portées par l'article 419. » Il n'y a aucune ambiguïté.

Bruno Colmant : Là aussi, nous ne sommes pas d'accord (*rires*). C'est un domaine que je connais bien. Mon travail de doctorat portait en grande partie sur la qualification des opérations financières : spéculation ou couverture. Et il est très difficile de définir de manière absolue ces notions de spéculation et de couverture de risques.

Paul Jorion : Selon moi, le prix « spéculatif » est un prix éloigné des fondamentaux. Celui qui se couvre ou s'assure contre un risque réel se préoccupe de la valeur dite fondamentale, qui n'est rien d'autre que le prix additif de l'ensemble des composantes : les coûts objectifs, auxquels s'ajoute un profit raisonnable. Le fondamental, c'est le prix de remplacement dans un contexte de marge de profit habituelle. Le spéculateur, qui espère vendre à un prix très supérieur à son prix d'achat, est, lui, très clairement dans une stratégie visant à maximiser le profit. Et plus nombreux sont les spéculateurs, plus ils chercheront à maximiser leur profit en faisant se développer une tendance à la hausse ou à la baisse, selon qu'ils sont « acheteurs » (*long*) ou « vendeurs » (*short*).

Cette notion de « prix spéculatif » n'a bien entendu aucune existence en « science » économique, puisque la spéculation n'y existe pas comme catégorie. De même qu'il n'y a pour la « science » économique ni patrons ni employés, mais seulement des *homo oeconomicus*, de même il n'y a pour elle ni spéculateurs ni non-spéculateurs, mais seulement des acheteurs et des vendeurs. Pour la « science » économique, acheteurs et vendeurs n'ont qu'une préoccupation : produire, par la création d'un prix, un *signal* objectif quant à la valeur. Que certains intervenants mettent au point une *stratégie* en vue de maximiser leur profit, la science économique y est aveugle, elle n'est pas au courant !

N'empêche, tous les gens qui ne sont pas des économistes (*rires*) savent intuitivement ce qu'est un « prix spéculatif » : c'est un prix éloigné de la valeur fondamentale, un prix à marge de profit inhabituelle : très importante ou négative et signalant une perte.

Bruno Colmant : Paul part de l'idée qu'il existe une valeur fondamentale pour tout bien. Et que tout écart par rapport à cette valeur fondamentale crée un espace de spéculation. Dans ma vision, la valeur, c'est le prix. Il n'y a pas de valeur fondamentale, c'est une vue de l'esprit. S'il existait d'ailleurs une valeur fondamentale, on aurait bien du mal à la définir : est-ce la valeur de production, le coût du travail, le coût du capital, la valeur d'usage… ?

La meilleure expression de la valeur fondamentale, c'est donc le prix du marché. Pour autant qu'il y ait suffisamment d'intervenants sur ce marché.

Quand un produit est traité sur une Bourse liquide et bien régulée, la valeur fondamentale est le prix qui est sécrété à tout moment par le marché. Et cette valeur est sans cesse évolutive.

Paul Jorion : Bruno, imagine deux compagnies pétrolières A et B, identiques en tout point. L'action de l'une est cotée 20 euros, celle de l'autre est cotée 100 euros. Me diras-tu que c'est impossible ? Non, tu sais que des stratégies spéculatives ont pu décoller l'un de l'autre les cours des actions de deux compagnies pourtant identiques. Jules te dit : « Il va y avoir une correction sur les cours soit de A, soit de B », il prédit que les cours vont se rapprocher. Lui diras-tu qu'il a tort ? Affirmerais-tu que les cours de A : 20 euros, et de B : 100 euros, expriment la valeur fondamentale de chacune des compagnies A et B puisque le prix reflète nécessairement la valeur fondamentale ? Tu sais bien que le concept de *goodwill*, en finance, existe précisément pour désigner une différence de prix sans aucune justification économique. La compagnie A vaut 3 millions. La compagnie B l'achète pour 4 millions. Qu'est-ce qui justifie la différence de prix ? Comme personne n'en sait rien, on dit : « Le *goodwill* vaut manifestement un million. » Abracadabra !

Si je comprends bien Bruno, il n'y aurait jamais de bulle spéculative sur les marchés. Étonnant, non ?

Bruno Colmant : Plus j'y réfléchis, plus je crois que les bulles n'existent pas.

Paul Jorion : Évidemment que les bulles spéculatives existent !

Comment se détermine un prix ? Il existe une fourchette de prix possibles au sein d'un marché où un certain nombre de gens vendent un produit et d'autres sont prêts à l'acheter. Les vendeurs désirent s'octroyer une marge de profit en sus de leurs coûts, lesquels constituent la borne inférieure du prix puisque personne ne peut vendre très longtemps en dessous de ses coûts de production, sous peine de devoir liquider son entreprise. Quant à la borne supérieure, elle est définie par la capacité des acquéreurs potentiels à acheter le produit. Si ce plafond est crevé, les acheteurs n'ont plus les moyens d'acheter le bien. Si le prix se maintient au-dessus de ce plafond, cela signifie à brève échéance la disparition du marché. Voilà le cadre.

Je prends un exemple. Que s'est-il passé durant le premier semestre 2008 ? De janvier à juillet, le prix du baril de pétrole sur le marché à terme a plus que triplé, passant de 43 à 147,50 dollars. Un acteur influent a déclaré à ce moment-là qu'il n'était plus capable d'acheter à ce prix de 147,50 dollars. Il s'agissait du Pentagone, qui était en effet dans l'impossibilité d'encore constituer des réserves de carburant pour l'armée américaine à un tel prix. À l'initiative du Pentagone, les spéculateurs ont été convoqués devant le Congrès américain. Parmi ces investisseurs qui étaient positionnés à la hausse sur le pétrole, on répertoriait de nombreux fonds de pension, des chaînes de cliniques, des fondations universitaires, des musées privés, etc. Afin de ne pas être stigmatisés, de se débarrasser de cette image négative gênante, ils se sont retirés en bloc du marché pétrolier. Mais, comme ils n'avaient pas spéculé uniquement sur le pétrole, mais avaient acquis des participations dans des fonds (des « paniers ») de matières premières, quand ils se sont retirés du marché, non seulement le prix du pétrole a plongé, mais également ceux du blé, du coton, du café et de toutes les matières premières qui se trouvaient aux côtés du pétrole dans ces paniers. Et ces prix du blé, du coton, du café, etc., sont alors tombés au-dessous des coûts de production. Quand un prix spéculatif chute, les spéculateurs à la baisse le pousseront aussi loin qu'ils pourront. Ils ne s'arrêteront pas net une fois atteint à la baisse le niveau des coûts de production. Le seuil des coûts de production, ils ne savent même pas ce que c'est, et le prix peut alors tomber sous ce niveau, provoquant la banqueroute des producteurs.

Le *prix spéculatif* exerce ses ravages à la hausse sur le consommateur et à la baisse sur le producteur.

Bruno Colmant : Je me pose néanmoins une question, quand je réfléchis aux déséquilibres monétaires et d'endettement public : est-ce que les bulles monétaires existent ? À première vue, ce serait possible si la monnaie était représentée par une valeur métallique, comme l'or ou l'argent. Dans le cas d'une bulle, ce métal serait tellement recherché que sa valeur relative augmenterait par rapport aux autres biens. Une bulle monétaire conduirait donc à la thésaurisation, suivant le principe de la loi de Thomas Gresham (1519-1579) qui postule que la mauvaise monnaie chasse la bonne. En effet, lorsque deux monnaies (dont des biens réels et de l'or, par exemple) se trouvent simultanément en circulation, les agents économiques préfèrent conserver et thésauriser la bonne monnaie et utiliser la mauvaise pour payer leurs échanges afin de s'en défaire au plus vite. La confiance dans la monnaie se mesure donc par la profondeur de sa prévisibilité en tant qu'instrument de thésaurisation. Mais, dès le moment où le support de la monnaie conduit à son exclusive thésaurisation, cette dernière nie son propre fonctionnement monétaire. Une monnaie uniquement thésaurisée n'est donc plus utilisée pour des transactions : la monnaie se démonétise elle-même. Une bulle monétaire est donc difficilement concevable, tout comme son éclatement. On pourrait cependant considérer que l'éclatement d'une bulle monétaire, c'est-à-dire l'éclatement de la monnaie elle-même, correspond à l'hyperinflation. Dans ce cas, la monnaie resterait un référentiel général, mais sa dépréciation rapide lui enlèverait sa fonction de thésaurisation. La monnaie brûlerait les doigts et deviendrait uniquement transactionnelle, jusqu'à en être disqualifiée pour se rapprocher du troc. Là aussi, la monnaie disparaît, en se disqualifiant elle-même en tant qu'instrument de thésaurisation. La monnaie est donc singularisée : elle ne peut pas faire l'objet d'une bulle ou de l'éclatement d'une bulle, puisqu'elle est le référentiel (relatif) par rapport auquel la bulle d'un actif se mesure *in fine*.

Ce qui précède pose la question de la concomitance des deux utilités de la monnaie, à savoir les fonctions de transaction et de thésaurisation. La fonction transactionnelle repose essentiellement sur la reconnaissance spatiale du signe monétaire, tandis que la fonction de thésaurisation correspond à la pérennité de la légitimation temporelle. La monnaie doit conserver un certain équilibre entre ses fonctions de transaction et de thésaurisation. Une monnaie dépréciée (ou qui suscite la méfiance) devient principalement transactionnelle, au détriment de sa fonction de thésaurisation et d'investissement.

En revanche, une monnaie qui devient trop rare perd sa fonction transactionnelle. La monnaie n'est finalement qu'un bien transitif que seul valide l'acte d'échange contre des biens et des services. En conclusion, une bulle monétaire, et son éclatement, constitue la disqualification de la monnaie.

Les banques centrales ne doivent-elles pas veiller à empêcher la formation de bulles spéculatives ? Aux États-Unis, les autorités sont restées immobiles face à la montée des prix immobiliers. Et l'on a vu le résultat catastrophique qui en a découlé.

Paul Jorion : En fait, les gouvernements soutiennent souvent la formation de bulles. En France, le gouvernement favorise la hausse du prix de l'immobilier, car il s'agit pour lui d'une manière indirecte de contribuer à résoudre le problème des retraites. Même chose aux États-Unis, où les réserves des ménages étaient, vers 2005, constituées pour 40 % d'actions et placées à 60 % dans l'immobilier. Quand, en 2001, la bulle des valeurs Internet a explosé, les autorités – le gouvernement, avec l'aide de la Réserve fédérale – ont encouragé une hausse de l'immobilier qui permettait aux ménages de compenser les pertes subies par leurs portefeuilles d'actions. Et en 2006-2007, lorsque l'immobilier s'est effondré, les mêmes autorités ont tout fait (même des choses illégales, j'en suis pratiquement certain) pour regonfler le prix des actions. C'est un jeu incessant de va-et-vient : quand une bulle éclate sur l'un des marchés, les autorités entreprennent d'en gonfler une sur un autre marché. Quitte même à utiliser l'opacité qu'autorise le *trading* à haute fréquence pour doper les cours boursiers. Les manipulations qui ont été observées sur les marchés boursiers dans la période 2009-2010 allaient toutes dans le sens d'une hausse des cours. S'il n'y avait pas eu de consigne, les manipulations auraient dû être constatées tant à la hausse qu'à la baisse.

Les gouvernements et les banques centrales n'ont aucun intérêt à maîtriser les bulles, car elles servent leurs intérêts : ce sont, comme je viens de le montrer, des outils de gestion de l'épargne globale des ménages.

Visiblement, ce thème de la spéculation vous divise. Existe-t-il, à vos yeux, une « banque modèle » qui rallierait vos suffrages ?

Bruno Colmant : La banque universelle, qui combine les différents métiers, reste le meilleur modèle, mais avec bien entendu une supervision stricte et des fonds propres adéquats. J'insiste sur la supervision stricte, car les banques créent de l'argent (multiplicateur de crédit) avec un bien, l'argent, qui à la base est d'origine publique.

Paul Jorion : Dans un très long article de 2010, « What do Banks do, what should they do and what Public Policies are needed to ensure Best Results for the Real Economy ? », Lord Adair Turner, qui fut président de la Financial Services Authority britannique, décrit les activités utiles et nuisibles des banques. Parmi les activités utiles, il cite la gestion de comptes de dépôt, l'intermédiation (la mise en contact des candidats prêteurs et emprunteurs), l'émission de titres sur un marché primaire et la gestion de leur marché secondaire. Tout le reste, ce sont, selon lui, des activités nuisibles. Dans son texte, Turner n'emploie le mot de « spéculation » que très occasionnellement, mais si l'on essayait de définir d'un seul terme l'ensemble des activités financières qu'il qualifie de nuisibles, il ne fait aucun doute que c'est bien de cela qu'il s'agit : le terme qui les regroupe et qui devrait s'appliquer est bien celui de spéculation.

À une question que j'avais un jour eu l'occasion de lui poser, il m'avait répondu ceci : « Une affirmation controversée, formulée par des économistes comme Keynes, est qu'il arrive que la taille des activités dépasse le niveau optimal d'allocation efficiente du capital et de l'épargne, au point de se transformer en activités à somme nulle, voire à somme négative. Ce bilan négatif s'explique d'une part par la ponction de ressources économiques réelles qu'elles opèrent, d'autre part par l'apparition au sein du marché d'une instabilité financière qui fera que ceux des intervenants qui ne sont pas “teneurs de marché” devront se couvrir et rémunérer ceux qui le sont (à l'aide ici aussi de ressources réelles) pour que ces derniers gèrent cette instabilité. »

C'est la réponse à offrir à Lloyd Blankfein, le patron de Goldman Sachs. Il était auditionné en avril 2010 par une commission sénatoriale américaine qui accusait sa firme d'avoir délibérément accéléré la chute du secteur du crédit immobilier, et sa ligne de défense était qu'il n'était qu'un pauvre « teneur de marché » : il se contentait de vendre à ceux qui étaient prêts à lui acheter et d'acheter à ceux qui étaient prêts à lui vendre.

L'inquiétude du moment porte aussi sur le shadow banking, *le système bancaire parallèle. Ce sont des activités bancaires (dépôts, financements...) qui sont exercées par des acteurs non bancaires. Il n'y a pas unanimité sur la liste des acteurs concernés par cette finance de l'ombre, mais on peut citer les fonds monétaires qui présentent des caractéristiques de dépôt, des sociétés de financement qui fournissent des crédits, des entreprises d'assurance et de réassurance qui émettent ou garantissent des produits de crédit, des* hedge funds... *Alors, doit-on craindre cette finance de l'ombre ?*

Bruno Colmant : Le *shadow banking* regroupe les établissements financiers qui ne sont pas régulés de manière traditionnelle. Ces opérateurs travaillent en toute licéité, et jouent un rôle important dans l'économie, mais échappent largement au contrôle des États et des régulateurs internationaux. Ce sont des *hedge funds* qui l'animent essentiellement.

En période de crise financière, il importe donc d'en recenser la morphologie et de s'interroger sur les modes de régulation. Ce système bancaire a une taille estimée de 46 000 milliards de dollars. Ses activités concernent la titrisation, le financement des projets d'investissement, etc.

Pour cette raison, le Financial Stability Board européen a émis un livre vert. Ensuite, il s'agira de voir comment englober, totalement ou partiellement, ce système bancaire parallèle sous la coupole de la législation bancaire.

Mais pourquoi s'inquiéter de ce système bancaire de l'ombre, alors qu'il existe depuis des dizaines d'années ? C'est l'absence de contrôle qui pose problème aux autorités. Mais le débat est un peu ambigu. D'une part, on voudrait mieux contrôler ces acteurs ; mais, d'autre part, on sait que l'économie a besoin de flux de financement qui ont conservé une certaine spontanéité. On peut assimiler cela à l'« économie souterraine », où le travail au noir est d'une certaine manière toléré. C'est le manque de prévisibilité de ces acteurs, davantage que leur existence, qui pose problème. Mais je crois que sa réglementation sera compliquée et fragile, sauf à envisager une coordination européenne, voire mondiale, qui serait souhaitable.

Paul Jorion : Surtout, ces acteurs ne constituent pas de provisions pour les risques qu'ils prennent. On peut citer l'exemple de l'assureur américain AIG, qui concluait des contrats avec des contreparties qui prenaient des positions « nues » (à découvert) sur des produits financiers CDS (*credit default swaps*), mais sans constituer de réserves. En concluant des CDS avec des gens qui n'essayaient pas de s'assurer – puisqu'ils n'étaient en réalité exposés à aucun risque –, mais spéculaient sur un défaut, AIG avait quitté son rôle d'assureur pour devenir lui-même un spéculateur.

Dans ce type d'opérations spéculatives, tant que le risque ne se concrétise pas, la « prime de risque » n'est pas utilisée comme il le faudrait pour constituer un fonds de réserve : elle est tout simplement considérée comme une aubaine et est comptabilisée par celui qui l'encaisse comme un bénéfice. Mais quand le risque se concrétise, et que rien n'a été provisionné, c'est bien entendu la catastrophe. Il faudrait que les règles comptables exigent que la prime de risque comprise dans un taux d'intérêt alimente un fonds de réserve.

Bruno Colmant : Paul, tu es la première personne qui me parle de ce problème, qui n'est que frôlé dans les travaux académiques. Cette problématique m'avait d'ailleurs interpellé dans mes travaux de recherche doctorale. Quand un actif est risqué, la prime de risque ne devrait être acquise que lorsque la transaction est finalement dénouée.

Donc, si un prêt à une société s'effectue à un taux d'intérêt de 8 % et que le taux dit sans risque est de 2 %, généralement, on met 8 % en compte de résultats. En réalité, ce sont 2 % qui devraient être mis en résultats, alors que les 6 % de prime de risque devraient être placés en réserve. Ce n'est que lorsque l'opération sera dénouée, après *x* années, que cela pourra être transféré en profits.

En fait, on ne comprend pas la nature optionnelle de la prime de risque. Il s'agit là d'un important problème de régulation qui est non résolu. Car les normes comptables ont joué un rôle très pervers entre 2005 et 2008. Durant cette période, les profits étaient hors du commun dans les banques en raison précisément de cette prime de risque incorporée dans les profits et non mise en réserve. Et, en 2008, ce fut la catastrophe. C'est un problème qu'il faudra absolument résoudre dans le futur pour éviter de nouvelles catastrophes.

Paul Jorion : Les titres ABS (*asset-backed security*) adossés à des prêts hypothécaires *subprime*, et dont j'ai parlé tout à l'heure, en constituent une très belle illustration. Je rappelle que certains certificats avaient « AAA » pour notation et un très haut rendement, qui reflétait le taux d'intérêt élevé réclamé à l'emprunteur *subprime* parce que ce taux comprenait – logiquement – une prime de risque de crédit, de risque de non-remboursement, élevée. Quand le prix des *subprimes* s'est effondré, personne n'a dit : « C'est normal : le haut rendement signalait cette éventualité. » Pourquoi ? Parce qu'on avait pris l'habitude de considérer la prime de risque, comme je l'ai dit, non pas comme le moyen de constituer un fonds de réserve, ce qui aurait été sa destination naturelle, mais comme un profit exceptionnel, une simple aubaine. Il est parfois bon de rappeler que la philosophie qui sous-tend globalement la finance, c'est bien celle du « Tout est bon à prendre » !

VIII

Quel rôle pour les économistes ?

Les économistes ont été malmenés durant cette crise ? Pour la plupart, ils ont été incapables de prévoir les événements. Qui peut se targuer d'avoir réellement prévu la crise ? Outre Paul Jorion qui avait analysé dès 2005 les dérives des prêts *subprime*, on peut citer différents noms comme ceux de Nouriel Roubini, Robert Shiller ou encore l'économiste indien Raghuram Rajan… Mais ils se comptent sur les doigts d'une seule main.

Dans un texte intitulé « The Profession and the Crisis », le prix Nobel d'économie Paul Krugman a mis en avant les trois grandes erreurs des économistes depuis 2007. Premièrement, ils n'ont pas vu venir la crise. Deuxièmement, lorsque la crise s'est déclenchée, ils en ont sous-estimé l'ampleur. Et, troisièmement, ils ont été incapables de donner des conseils utiles sur ce qu'il fallait faire après le déclenchement de la crise.

Le constat implacable de Paul Krugman sur les lacunes des économistes amène à se poser une question : quel doit être le rôle d'un économiste aujourd'hui ?

Bruno Colmant : Selon moi, un économiste au sens de John Maynard Keynes ou de Milton Friedman doit se situer dans un cadre sociopolitique. L'économie, je la voyais précédemment comme une science absolue, alors que c'est finalement une science relative vue dans un contexte politique plus large. Aujourd'hui, les masques des économistes doivent tomber. Leur rôle a complètement changé. Résoudre les problèmes de l'endettement public et de la monnaie unique demande un positionnement politique.

En réalité, c'est la fin de ce que j'appelle les « économistes d'eau douce », ceux qui effectuaient du simple cabotage. Ils se bornaient à une interprétation à très court terme des événements. Aujourd'hui, nous sommes dans un monde nouveau. La zone euro et les niveaux de l'endettement public ont atteint des points de tension extrêmes. Donc, on ne peut plus faire simplement du cabotage. L'économiste se doit d'être une sorte de vigie. Il doit être prêt à réaliser une grande traversée intellectuelle. Être capable d'agréger des tendances, de faire preuve d'intuition…

Se prétendre économiste implique d'être dans la recherche permanente, dans la conception de scénarios, d'être dans le doute. Cela suppose aussi d'avoir étudié les leçons de l'histoire.

Les économistes ont fait aveu d'impuissance, mais ils seront à l'avenir, j'en suis persuadé, davantage impliqués dans un débat citoyen et politique. C'est un rôle plus humaniste.

Auparavant, je reconnais que j'étais un libéral très carré. Mais j'ai changé. Désormais, j'intègre, dans mon raisonnement, la notion de solidarité sociale. Car cette crise, née en 2007-2008, est bien davantage qu'un choc de marchés : c'est un véritable choc sociétal.

On dénombre tellement d'écoles de pensée économique dans l'histoire que cela paraît suspect de postuler la supériorité d'une d'entre elles. Sans doute parce qu'il n'y a aucune de ces théories qui soit pleinement satisfaisante dans sa substance explicative. Et que la solution ne se trouve pas dans l'économie, mais bien dans le cadre politique dans lequel on veut agir.

C'est en lisant un ouvrage de Paul Krugman que j'ai eu le déclic. Tout était résumé en une seule phrase : « Il n'y a pas d'économie sans cadre politique. » Dans les années 1980, les cours universitaires s'intitulaient d'ailleurs « économie politique ». Mais le contenu était tout sauf politique.

Paul Jorion : L'équivalent d'« eau douce » en anglais, c'est *freshwater*. Quand on parle de *freshwater economists*, on parle des économistes qui appartiennent aux universités de la partie continentale des États-Unis, alors que les *saltwater economists*, les « économistes d'eau salée », sont ceux qui professent dans la partie littorale du pays : la côte Ouest, essentiellement la Californie, ou la côte Est. Traditionnellement, les facultés de sciences économiques de la partie côtière sont progressistes, alors que celles de l'intérieur, et tout particulièrement l'École de Chicago, sont conservatrices, voire franchement réactionnaires. La science économique conservatrice est aussi la plus mathématisée et la plus dogmatique dans ses affirmations.

L'économiste Robert Waldmann s'est un jour amusé à expliquer pourquoi, selon lui, mathématisation et dogmatisme vont ensemble : « Les étudiants thésards "d'eau douce" doivent absorber des quantités impressionnantes de mathématiques en très peu de temps. Il est impossible d'y parvenir si l'on n'écarte pas tout doute que l'on pourrait entretenir quant à la validité de l'approche. L'énorme investissement une fois consenti, il est difficile sur un plan psychologique de se convaincre qu'on a fait ça en pure perte. Voilà la manière dont ce courant de pensée recrute de nouveaux disciples : en forçant les étudiants à suivre des enseignements extrêmement ardus. »

Qu'on adopte donc la définition d'économiste d'eau douce « géographique » des Américains ou celle de Bruno en termes de cabotage opposé à la navigation en haute mer, on débouche donc sur la même classification !

Pour ce qui est de l'appellation « économie politique », on l'utilisait peut-être encore dans les années 1980, mais l'économie politique classique est morte dans les années 1870 avec l'arrivée de l'approche *marginaliste* prônée par ses figures de proue, Stanley Jevons (1835-1882) en

Grande-Bretagne, Carl Menger (1840-1921) en Autriche et Léon Walras (1834-1910) en France et en Suisse, qui ont proposé – à quelques années près – de rendre compte des mécanismes économiques à l'aide du *calcul différentiel*, de la même manière exactement qu'on le faisait en *mécanique physique*. Ils nous ont fait passer de l'*économie politique* à la *« science » économique*, en mettant l'*homo oeconomicus* au centre de leur réflexion, rationnel au sens d'« optimiseur mathématique » hors pair dans ses calculs d'*utilité subjective* lorsqu'il est confronté à des choix.

Bruno Colmant : Et Eugene Fama, consacré Nobel d'économie en 2013 avec Robert Shiller et Lars Peter Hansen, a peut-être contribué à tuer définitivement l'économie politique en développant ses concepts d'efficience des marchés.

Mais, selon moi, cette crise qui a débuté en 2007 devrait redonner à l'économie politique toutes ses lettres de noblesse.

Paul Jorion : Ce qui faisait que l'ancienne *économie politique* – qui était une « science morale », comme on disait alors – était authentiquement « politique », c'est qu'elle envisageait l'économie comme un ensemble d'interactions entre des groupes exerçant des fonctions spécifiques au regard de l'économie. Il existait différents termes pour distinguer ces groupes : on les appelait « états », comme dans l'expression « tiers état », ou bien encore « classes » ; mais le terme le plus courant était « conditions » : on disait, par exemple, « des gens de différentes conditions ».

Les interactions entre ces groupes étaient étudiées par l'économie politique ainsi que les rapports de force entre eux, et les frictions qui les dressaient les uns contre les autres ne pouvaient être éludées. L'évocation des rapports de force dans le monde économique est constante chez Adam Smith dans *La Richesse des nations* (1776). Dans son *Tableau économique* de la France (1758), François Quesnay distinguait les *classes laborieuses* et les *classes oisives*, et son analyse s'effectuait entièrement en termes de ces deux classes. Karl Marx (1818-1883), représentant éminent de l'économie politique, même si le sous-titre du *Capital* (1867) est « Critique de l'économie politique », met en scène essentiellement deux classes : les capitalistes opposés aux prolétaires, et le *Manifeste communiste* qu'il publie en 1848 avec Friedrich Engels (1820-1895) affirme, comme chacun le sait, dans la phrase par laquelle débute sa première section : « L'histoire de toute société jusqu'à aujourd'hui est l'histoire de la lutte des classes. »

Mais, avec l'école marginaliste dans les années 1870, les groupes en interaction disparaissent entièrement : c'est l'individu autonome qui monte au créneau. On passe de l'économie politique, qui est une sociologie analysant le comportement de groupes, à la « science » économique, qui est une psychologie analysant le comportement d'individus.

Que l'individu en question soit « capitaliste », détenteur de capital qu'il prête, ou prolétaire, à même uniquement de louer sa force de travail, importe peu ; quel qu'il soit, son souci est le même : maximiser son utilité subjective dans un contexte de ressources rares. Riche ou pauvre, propriétaire ou non, oisif ou laborieux, l'homme (ou la femme) est *homo oeconomicus*. Nous sommes sortis d'un cadre politique. La question de la lutte des classes est évacuée ; la question de la propriété privée, centrale dans les textes d'économie politique, est absente des livres de « science » économique. L'intérêt général était défini par l'économie politique comme celui de tous les « travailleurs » ; désormais, l'intérêt général, c'est celui de l'ensemble des « consommateurs ».

Il n'y a pas simple glissement, bien entendu : les représentants de la nouvelle « science » économique doivent expliquer l'erreur de perspective, selon eux, qui était celle de l'économie politique. L'explication est évidente : l'économie politique n'a pas compris que ce qui apparaît comme des classes entre lesquelles il existe des frottements, des contentieux, ce sont simplement des groupes résultant de la division sociale du travail, qui est, elle, un processus naturel et dont il n'est du coup pas nécessaire que nous dise quoi que ce soit une science comme la « science » économique. La propriété privée est elle aussi l'aboutissement d'un processus naturel, et il n'y a là encore aucune raison d'en parler. Dans les manuels de « science » économique, les chapitres consacrés à la propriété privée en viendront même à disparaître.

Et la lutte des classes, dans la perspective de la « science » économique ? Eh bien, l'explication est simple : certains individus ne comprennent pas le caractère naturel de la division sociale du travail et, se trouvant dans une classe qui ne leur convient pas, ils développent du ressentiment. La solution ? Qu'ils changent de classe : si être prolétaires leur cause du souci, qu'ils deviennent donc capitalistes ! La « science » économique est une psychologie, sa méthode de recherche sera d'ailleurs appelée « individualisme méthodologique », et la lutte des classes de l'ancienne économie politique est elle aussi un problème psychologique… qui se résout sans doute par une psychothérapie réussie de ceux qui croient qu'elle existe !

Bruno Colmant : Or, la question du partage de la richesse doit évidemment constituer un chapitre important de tout ouvrage d'économie politique.

Cela nous ramène une nouvelle fois au problème de l'endettement public, qui nécessite une osmose particulière entre patrimoine privé et engagement collectif. Vous devez ajouter à cela notre rapport à l'État, qui se complexifie : est-on débiteur ou créancier ? Sans compter la « déstratification » des classes sociales. Les anciennes stratifications – agriculteurs/industriels ou rentiers/travailleurs – volent en éclats. Tout cela démontre que l'État voit son rôle amplifié par la crise. Je n'exclus d'ailleurs pas un retour à une phase d'étatisation plus poussée, avant de redécouvrir un jour les vertus du libre marché.

Avec cette crise, tous les modèles économiques ont été littéralement balayés. Notamment le concept des marchés efficients.

Je tiens toutefois à rappeler qu'Eugene Fama a décrit l'efficience des marchés dans un cadre très circonscrit. Même Milton Friedman n'a jamais dit que l'État n'avait aucun rôle à jouer. Quant à Adam Smith, il souligne dans *La Richesse des nations* que le problème tourne autour de l'ampleur du rôle à confier à l'État ; il n'est donc pas dans un mode antiétatique.

Paul Jorion : La question du libéralisme telle qu'elle est posée par Adam Smith est essentielle : quel est le degré optimal d'intervention de l'État, celui où l'individu n'est pas écrasé sans nécessité ? C'est une question que l'absolutisme royal qui avait conduit à la guerre civile anglaise obligeait de poser. Charles Ier (1600-1649) avait tenté de soumettre par la force les parlements d'Angleterre et d'Écosse. Sa défaite déboucha sur son jugement, puis son exécution. Quand Smith parle de la main invisible, c'est cela qu'il veut évoquer ; il s'adresse au souverain de son temps et lui dit : « Ne vous mêlez pas de ce que font le boulanger ou le boucher : en recherchant leur propre intérêt, ils font fonctionner la machine économique de manière optimale. » C'est Keynes, dans *La Fin du laissez-faire* (1926), qui a très bien lu ça chez Adam Smith.

Le problème, c'est la dérive ultralibérale, qui a cessé de rechercher quel est le degré optimal d'intervention de l'État parce qu'elle prétend connaître la réponse : le niveau optimal de l'État, c'est qu'il disparaisse. Pour elle, « un bon État est un État mort », pour paraphraser la sagesse populaire du FarWest américain.

Pour l'économiste autrichien Friedrich Hayek (1899-1992), l'État est là pour protéger les personnes et la propriété privée, point à la ligne. Murray Rothbard (1926-1995), qui se situait dans le même courant de l'École autrichienne que Hayek, dira explicitement que tout le reste peut être privatisé, que ce soit l'enseignement ou même la conduite de guerres extérieures. Ce sont bien entendu ceux qui disposeront du plus d'argent qui pourront alors décider ce qu'on enseigne dans les écoles et quelles sont les guerres qui valent la peine d'être menées. Les cyniques diront malicieusement que c'est le système que nous avons de toute manière !

Bruno Colmant : C'est bien entendu un égarement complet, car l'État est d'abord et avant tout un contrat social. L'État représente un flux et non un stock, un flux de certains agents économiques vers d'autres. L'État n'est, en effet, qu'un artefact financier, chargé de la redistribution de richesses privées qu'il transmute en ressources collectives. J'ai mis du temps à comprendre ce mécanisme, mais il faut savoir dans quel cadre de redistribution et de prélèvement on se situe. En matière d'endettement public, il existe clairement un problème générationnel. L'absence de piste pour résoudre le problème de l'endettement laisse comme seule solution le report de la charge sur les générations suivantes. Dans ce cadre, on ne sait plus vraiment ce que vaut la dette et si elle sera remboursée un jour. Ce problème générationnel est de nature à aggraver les inégalités. En ce sens, la dette publique, mais aussi la monnaie sont des éléments d'expression de violence sociale ou de lutte des classes.

D'ailleurs, une dette publique n'est tolérée que parce que des créanciers l'autorisent. C'est ainsi qu'il doit y avoir une lointaine corrélation entre le niveau d'endettement public et celui de l'épargne domestique, puisque des créanciers exclusivement étrangers mettraient une limite naturelle à la capacité d'emprunt d'un pays. Mais vers quel système politique une dette publique excessive entraîne-t-elle ? Quel est, en effet, l'aboutissement de ce mouvement de fuite dans lequel l'État s'engouffre au travers de l'endettement public ? Est-ce une étatisation insidieuse de toute l'économie et/ou la perte de pouvoir d'achat engendrée par l'inflation qui découle de l'arme monétaire ? La réponse se situe sans doute dans une complexe chimie de ces deux éléments qu'on pourrait qualifier, dans la logique de Hayek, d'étatisation inflationniste.

Hayek suggérait en effet qu'une dette publique conduit à une restriction des libertés individuelles, et donc à une nationalisation sournoise de l'économie. Cette dernière est destinée à ordonnancer la pression fiscale mise en œuvre pour assurer l'ordre social associé à des dépenses publiques excessives.

Pourtant, certains auteurs pencheraient plutôt pour une ploutocratie, c'est-à-dire un système politique au sein duquel les plus riches gouvernent… au motif qu'ils sont les plus gros créanciers de l'État. Ce courant de pensée promeut d'ailleurs la répudiation des dettes comme une alternative à la coercition fiscale que leur remboursement exige. D'autres économistes suggèrent que la morphologie démographique de nos communautés conduit plutôt à une gérontocratie, puisque seules les classes âgées de la population disposent de l'épargne suffisante pour prêter à l'État. Enfin, la jeunesse peut aussi se manifester et établir de nouvelles bases au contrat social et fiscal afin de ne pas suffoquer sous la dette. C'est alors la révolution.

Par ailleurs, certains considèrent qu'une dette publique est un outil de solidarité sociale. Ceux-là arguënt qu'une dette publique n'est jamais remboursée et qu'elle se dilue, au fil des années, dans un refinancement permanent. Sous cet angle, on pourrait imaginer que la dette publique est naturelle : elle refléterait un transfert continu des créanciers de l'État vers les secteurs publics, à l'instar d'une gigantesque sécurité sociale. La dette publique importerait alors peu. Elle serait à l'épargne privée ce que l'impôt est aux revenus professionnels.

Elle serait même « la » représentation de la solidarité étatique de l'État, puisque son refinancement conditionne les mécanismes fiscaux et de redistribution. Ironiquement, la dette publique serait le capital propre d'une nation. En poussant le raisonnement à l'extrême, on pourrait postuler qu'une dette publique est l'expression ultime d'une démocratie, ou à tout le moins d'un collectivisme égalitariste, puisque, lorsque la dette publique est trop importante, ce ne sont plus les créanciers qui obligent les débiteurs : ce sont les débiteurs qui imposent des effacements de dettes à leurs créanciers. Le peuple (des débiteurs) impose sa loi aux rentiers !

Quoi qu'il en soit, l'exercice de la démocratie est difficile lorsqu'elle est financée par un État excessivement grevé de dettes. Le danger du poids de la dette publique, c'est qu'il confisque le débat citoyen. La dette publique est, en effet, une hypothèque sur la prospérité des générations futures, ce qui constitue un incontestable déni de démocratie. La dette publique est garantie par la capacité de l'État à lever des impôts portant, entre autres, sur les revenus professionnels futurs. En s'endettant, l'État demande donc à des créanciers de lui faire crédit au motif qu'il sera capable d'exiger un prélèvement sur la création de richesse de ses futurs contribuables. Dès lors, une dette publique excessive est l'écueil principal à une fluidité du capital et à l'allégement du coût du travail. En effet, si la dette publique est refinancée par l'impôt, c'est immanquablement le travail qui est frappé.

Paul Jorion : Dans *La Richesse des nations*, Adam Smith souligne que l'argent permet de commander de deux manières. Il permet d'abord de commander une marchandise ; il permet ensuite de commander au sens de donner des ordres, c'est-à-dire de demander à un individu de mettre son temps de travail au service de celui qui lui donnera de l'argent en contrepartie de son temps. La seule ressource qui nous soit véritablement rare, car nous ignorons pendant combien de temps nous en disposerons, c'est le temps. L'argent nous permet de subordonner le temps d'autrui au nôtre. Quand on y pense, on ne peut pas s'empêcher de se dire que, puisque nous n'avons qu'une seule vie, c'est absolument scandaleux !

Dans cinq cents ans, les méfaits de l'argent sur tous les plans nous paraîtront presque comiques ! (*Rires.*)

Bruno Colmant : Et Karl Marx dirait finalement que la monnaie est un capital fictif. Il suffit que l'on change l'ordre socio-économique pour que l'expression de la thésaurisation n'existe plus. Sur l'île de Chypre en 2013, certains pensaient qu'ils disposaient d'un million d'euros sur leur compte bancaire et, lorsque la crise a fait payer les gros déposants, on leur a dit qu'ils ne détenaient plus que 600 000 euros. C'est la preuve de la relativité de la valeur.

Lorsque l'ordre socio-économique change, on change aussi tous les paramètres que l'on croyait stables, dont la thésaurisation. Car thésauriser dans une monnaie qui n'a plus cours légal, c'est bien sûr nettement moins utile.

Des économistes comme Paul Krugman et Joseph Stiglitz, tous deux récompensés par un prix Nobel d'économie, ne sont-ils pas « politiques » dans le sens où vous l'entendez ? Ils n'hésitent pas à livrer des recommandations, à se lancer dans l'arène du débat politique.

Bruno Colmant : Krugman et Stiglitz confirment que l'économie est une science très humaine. Aux États-Unis, ils ont réussi à infléchir la perception très reaganienne de l'économie. C'est intéressant de voir que ces économistes donnent des leçons de sagesse et de redistribution des richesses dans un pays qui n'est pas un modèle en la matière.

Paul Jorion : Parmi les économistes contemporains, j'ai déjà fait part de toute l'admiration que j'ai pour Lord Adair Turner, que j'ai souvent l'occasion de citer. Dans son livre *Economics after the Crisis* (2012), il estime que la crise est essentiellement due aux carences de la théorie économique. Turner est un keynésien au sens où il reproduit la véritable pensée de Keynes, pas la version abâtardie qui a été assimilée par la théorie économique dominante.

Paul Krugman et Joseph Stiglitz sont tous deux issus du courant dominant de la science économique : ils ont tous deux commencé par des recherches qui s'inscrivent parfaitement à l'intérieur du cadre, même si Stiglitz s'est intéressé à la notion de symétrie de l'information pour montrer que cette symétrie entre acheteur et vendeur, prêteur et emprunteur, est en réalité exceptionnelle sur les marchés.

Paul Krugman est considéré comme keynésien mais, sur la plupart des points importants, sa pensée diffère de celle de Keynes et je doute personnellement qu'il l'ait lu avec beaucoup d'attention, ou l'ait véritablement compris au cas où il l'aurait vraiment lu. Geoff Tily, dans son excellent livre *Keynes Betrayed* (« Keynes trahi », 2006), estime que Krugman est l'économiste qui s'affirme keynésien, mais qui est en réalité le plus éloigné de la pensée de Keynes. Tily le prend d'ailleurs la main dans le sac à affirmer exactement le contraire de Keynes, par exemple sur le rôle que peut jouer une politique monétaire. Le plus inquiétant, c'est que cette erreur de lecture flagrante se trouve dans une préface que Krugman a écrite en 2007 pour une nouvelle édition américaine de la *Théorie générale de l'emploi, de l'intérêt et de la monnaie* (1936), le livre de Keynes le plus connu.

Je préfère de loin Joseph Stiglitz et Robert Shiller, lequel connaît très bien Keynes, même si l'on a parfois l'impression qu'il le réinvente sans vraiment s'en rendre compte. Shiller est un grand théoricien des bulles spéculatives, qu'il appelle « machines de Ponzi spontanées » pour attirer l'attention sur le fait qu'une bulle est un processus de « cavalerie », de fuite en avant, apparenté à une « pyramide », où ce sont les nouveaux entrants qui permettent de rémunérer ceux qui se sont joints il y a plus longtemps : le processus s'arrête quand il cesse d'y avoir de nouveaux souscripteurs. Son livre *Irrational Exuberance* (2000) est d'un excellent niveau et je le cite abondamment dans *La Crise du capitalisme américain* (2007), le livre où j'annonçais la crise des *subprimes*. Il mérite incontestablement son prix Nobel.

J'ai eu l'occasion de bavarder avec Stiglitz lors du forum organisé par Jacques Attali sur l'économie positive en septembre 2013. Je lui ai demandé pourquoi l'administration Obama n'avait jamais fait appel à lui. Il m'a confirmé qu'il n'avait même pas été contacté. Il m'a cependant signalé qu'il avait joué un rôle dans le retrait de la candidature à la tête de la Réserve fédérale de Larry Summers, le fossoyeur du *Glass-Steagall Act* quand il était à la tête du ministère des Finances américain, en coachant les sénateurs qui auraient interrogé Summers en vue de son investiture. Stiglitz a gagné : Summers a préféré jeter l'éponge quand il a vu que ses chances s'amenuisaient.

Lors de ce forum, Stiglitz a cité un chiffre qui a sidéré l'assistance : quelle est la part de la nouvelle richesse créée en 2010 aux États-Unis qui a été ponctionnée par le 1 % le plus riche de la nation ? La réponse, c'est 110 % ! Le 1 % ne s'est donc pas contenté de confisquer la totalité de la croissance, mais il a accaparé une part supplémentaire qui avait été acquise précédemment, aux dépens du reste de la population des États-Unis.

C'est Stiglitz qui a lancé l'excellente idée d'un G193, à l'image des G7, G20, etc., rassemblant cette fois l'ensemble des nations.

Bruno Colmant : Pour ma part, c'est Paul Krugman qui m'a le plus interpellé par sa prescience des phénomènes déflationnistes européens. Il a assez correctement prévu la situation dans laquelle l'Europe allait tomber avec deux ou trois ans d'avance. Ce qu'il est intéressant de noter, c'est que nous citons ici uniquement des économistes anglo-saxons et aucun économiste de la zone euro. Il est très regrettable qu'il n'existe pas un Conseil économique au niveau européen. Il n'existe ainsi pas de contrepoids à la Banque centrale européenne, qui cumule les fonctions de conseiller économique et de gestionnaire de la monnaie. Et, aujourd'hui, de contrôleur des banques. Selon moi, il y a un vrai déficit en Europe de débat économique.

IX

Quand Friedman rencontre Keynes

Et si nous refaisions le monde avec deux illustres économistes qui ont marqué de leur empreinte le XXe siècle ? D'un côté, John Maynard Keynes (1883-1946), l'économiste de Cambridge, fondateur de la macroéconomie keynésienne. De l'autre, l'économiste américain Milton Friedman (1912-2006), considéré comme le père du monétarisme.

Keynes et Friedman, tout les oppose : la place à accorder à l'État, le rôle de la monnaie et des taux d'intérêt… Alors, qu'auraient pu se dire ces deux grands économistes en 2014 ?

Dans ce dialogue, Paul Jorion a endossé les habits de Keynes, qu'il a longuement étudié. Et Bruno Colmant s'est transformé en un Milton Friedman plus vrai que nature. Bienvenue dans ce débat Jorion/Keynes face à Colmant/Friedman…

Pourquoi avoir choisi d'endosser ce rôle dans ce débat Keynes/Friedman ?

Paul Jorion : Je suis venu, comme je l'ai dit, à la réflexion économique à partir du problème qui s'était imposé à moi d'interpréter les prix à la pêche que j'avais observés durant mon travail de terrain dans l'île d'Houat, en Bretagne, en 1973 et 1974. Ma boîte à outils pour aborder ces questions de formation des prix, je l'avais constituée à partir de l'anthropologie économique, une tradition très différente de la « science » économique. Pas question évidemment pour un anthropologue d'imaginer que l'économie pourrait former un domaine autonome au sein d'une société : pour lui, l'économie est nécessairement « insérée » (*embedded*) dans le système social global, pour employer les termes de Karl Polanyi (1886-1964), l'un des pères fondateurs de l'anthropologie économique avec Marcel Mauss (1872-1950) et Bronislaw Malinowski (1884-1942). Autrement dit, pour l'anthropologue, une véritable science économique est forcément une *économie politique* et ne peut absolument pas s'identifier avec la *« science » économique* psychologisante fondée sur l'individu que les économistes se sont donnée à partir des années 1870.

Au moment où je découvre le discours que tiennent les économistes, il faut donc que je trouve un point d'ancrage : quelque chose que j'arrive à comprendre et qui fasse sens par rapport à ce que j'ai pu observer parmi les pêcheurs bretons et ensuite, de 1984 à 1986, parmi les pêcheurs de l'Afrique de l'Ouest.

Je découvre Aristote bien entendu, comme j'ai déjà eu l'occasion de le dire, mais les économistes ne considèrent pas Aristote comme l'un des leurs ! Puis Adam

Smith (1723-1790), qui pose véritablement un regard d'anthropologue sur les faits économiques, ce qui n'est pas étonnant : il pose un regard neuf, un regard d'enfant je dirais, sur les faits économiques. Et surtout, je l'ai déjà souligné, il lit partout des rapports de force, contrairement à la « science » économique qui ne voit plus de rapports de force nulle part : pour elle, on l'a vu, les conflits apparents sont dus à la mécompréhension par des gens mal informés ; à ses yeux, tout est « naturel » !

Enfin, je découvre un point d'ancrage où je peux me reconnaître : John Maynard Keynes. Il y a plusieurs raisons à cela. D'abord, il est, comme moi, un *outsider* en économie : il a une formation de mathématicien et de philosophe. Alfred Marshall (1842-1924), qui enseigne l'économie à Cambridge, propose un poste à Keynes, qui l'accepte – contrairement à ce qui s'était passé avec son père, John Neville Keynes (1852-1949), à qui Marshall avait proposé le même poste, une génération plus tôt, et qui, personnage craintif et sans envergure, avait accepté d'abord avec hésitation, mais pour faire machine arrière quelques années plus tard.

Comme le dira son biographe Robert Skidelsky, Keynes est quelqu'un qui parviendra à parler de manière convaincante « comme un économiste », de même qu'il arrivera à parler « comme un banquier » ou « comme un politicien », mais sans jamais se retrouver prisonnier d'une de ces sous-cultures ni surtout d'une quelconque « langue de bois ».

Il y a aussi que Keynes est à 100 % un *Cambridge man*, le produit parfait d'un univers très particulier – qui, une génération plus tard (je suis né quelques mois après la mort de Keynes), deviendrait le mien pour dix ans : cinq ans en tant qu'étudiant thésard, cinq ans ensuite en tant que jeune professeur. Qu'est-ce qu'il y a de particulier à être un *Cambridge man* (ce serait la même chose, contrairement à ce qu'affirme la légende, pour un *Oxford man*) ? C'est d'avoir participé à ce que les anthropologues appellent une *survivance* : une institution venue du fond des âges et qui est donc, dans une très large mesure, étrangère à son temps. Cambridge et Oxford (cela existe peut-être aussi ailleurs), c'est ce qui survit aujourd'hui, partiellement préservé, de l'université médiévale, de l'université scolastique.

Je suis tombé dans ce bain et, pour une simple raison de tempérament sans doute, je m'y suis senti chez moi. Du coup, quand je lis la lettre que Keynes a envoyée en 1916 à la commission qui devait juger de la validité de son objection de conscience, lettre qui a rendu perplexe toute une génération d'historiens, je ris devant son insolence parce que, à mes propres yeux, elle est transparente !

Bruno Colmant : Milton Friedman reste plus que jamais d'actualité, car c'est l'économiste qui a compris la relativité du phénomène monétaire. La crise souveraine a mis en cause la monnaie ; l'endettement, sa stabilité. Et donc, immanquablement, un ajustement monétaire devra survenir. Il sera nécessaire, selon moi, de passer par un phénomène inflationniste pour diluer les dettes du passé dans l'inflation et pour conserver une certaine homogénéité à cette monnaie européenne qui est davantage commune qu'unique. Mais c'est vrai que l'économiste le plus cité est incontestablement l'Anglais Keynes. Versatiles et capricieuses, ses théories trouvèrent quelque terreau fertile dans la grande dépression des années 1930. Ces derniers mois, Keynes est donc opportunément cité par quelques commentateurs en mal de références. Et pourtant, la dépression des années 1930 n'a rien à voir avec la première crise financière du XXIe siècle. D'ailleurs, pour expliquer la crise de 1929, les économistes retiennent aujourd'hui l'analyse plus pertinente du prix Nobel Milton Friedman, totalement contraire à celle de Keynes.

Selon la théorie keynésienne, la monnaie est une marchandise. Sa valeur varie de manière proportionnellement inverse à sa quantité. Keynes avance que la monnaie n'est pas totalement neutre. Elle est pour partie, c'est-à-dire de façon marginale, exogène au flux des biens réels, et l'État peut stimuler ou contracter l'activité réelle par l'expansion ou la réduction de l'offre de monnaie. Au contraire, l'École quantitative suggère, de manière extrêmement simplifiée, que la monnaie n'est qu'une expression numérique relative. La quantité de monnaie et le taux d'intérêt sont neutres. On ne crée pas un pouvoir d'achat par la monnaie, mais par l'offre de marchandises. Toutes choses restant égales, une variation de la quantité de monnaie entraîne, avec un éventuel retard, une variation des prix, sans impact sur l'économie réelle. Sous cet angle, la monnaie n'est plus un étalon, mais l'expression relative d'un niveau de prix. Il n'y a pas d'inflation structurelle si la masse monétaire est proportionnelle à la production des biens et services.

L'École quantitative me semble mieux refléter (hors variations marginales) la réalité du phénomène monétaire. L'intuition conduit à supputer que la sphère monétaire est un référentiel fugace, avec peu d'ancrage dans l'économie réelle. Sous cet angle, l'étalon monétaire est relatif. Il est subordonné aux contractions et expansions de l'économie réelle. La quantité de monnaie est peu pertinente : c'est une donnée scalaire, c'est-à-dire indépendante de la base choisie.

Par ailleurs, la monnaie représente du travail accumulé dans le passé, qui se négocie désormais sous forme de signes monétaires. Cette monnaie peut être son propre travail ou celui d'un autre, qu'on a réussi à valoriser. Que se passe-t-il dès lors, lorsqu'on fait tourner la planche à billets, comme c'est le cas actuellement ? On favorise le travail à venir, puisque l'impression monétaire conduit à ce que chaque unité de travail future sera représentée par plus de billets que le travail accumulé. Inversement, le capital, qui est le reflet du travail passé et accumulé, se déprécie. C'est pour cette raison que tant Marx que Keynes reconnaissent que, en période d'inflation, l'impression monétaire excessive nuit au rentier et est globalement (et indirectement) favorable au travail.

Mais cette réflexion, dont j'admets qu'elle est très approximative, en suscite une autre : si le coût de la monnaie, c'est-à-dire son taux d'intérêt, devient nul, comme c'est le cas actuellement au travers des injections monétaires, alors que le travail garde son coût (c'est-à-dire le salaire), ne risque-t-on pas d'exproprier le travail qui devient, en termes relatifs, plus coûteux ? Cela pourrait conduire à un rééquilibrage favorable au capital et défavorable au travail, puisque la création monétaire, comme les dettes publiques que finance cette création monétaire, est dissociée de la production. C'est sans doute correct, jusqu'au moment où le coût de la monnaie incorpore une prime d'inflation qui rééquilibre le coût marginal des facteurs de production.

Marx est peut-être le meilleur adepte de la théorie quantitative. En effet, si la monnaie reflète une quantité de travail passé ou futur, l'impression monétaire *ex nihilo* déprécie le travail accumulé passé et apprécie le travail futur. Sous cet angle, l'expansion monétaire s'assimile à l'inflation, qui est néfaste au facteur de production « capital » et favorable au facteur de production « travail ».

Dans le domaine de l'emploi, qu'auraient proposé Keynes et Friedman ? Existe-t-il une solution au chômage en Europe ? Une Europe sans industrie peut-elle fonctionner ? Quelles auraient été leurs réponses ?

Paul Jorion : La contrainte qui joue selon Keynes sur une nation, c'est le maintien d'un consensus sociétal. Des équilibres économiques peuvent exister dans différents types de configuration ; le critère pour choisir l'un plutôt qu'un autre, c'est ce que cet équilibre signifie en termes de *consensus global*. L'objectif que doit rechercher la classe politique, c'est une minimisation du *dissensus* qui résulte du ressentiment accumulé entre les classes sociales. Si hétérogène que puisse être l'ordre social existant, il est impératif qu'aucune composante de la société n'en vienne à juger la situation comme désormais intolérable. Une telle considération semble bien banale, mais on a malheureusement le sentiment qu'elle est aujourd'hui devenue étrangère à nos dirigeants, qui sont obnubilés seulement par les caprices du marché des capitaux.

L'objectif dont Keynes avait déterminé qu'il minimise le *dissensus* au sein d'une nation, c'est le plein emploi. Il existe plusieurs niveaux d'équilibre économique possibles, mais un seul correspond au plein emploi et c'est celui-là qui doit être visé.

Or, dans le contexte que nous connaissons aujourd'hui, où, comme nous l'avons vu, la question du chômage structurel est éludée, le plein emploi est maintenant hors d'atteinte. La solution des problèmes que pose ce chômage structurel, la société dans son ensemble s'en débarrasse sur les employeurs et les employés – à eux de se débrouiller, chacun de son côté d'ailleurs.

Keynes savait que la question se poserait un jour dans ces termes-là et, comme j'ai déjà eu l'occasion de le dire, il avait été en fait le premier à avoir soulevé la question du chômage structurel dans sa conférence de 1928, « Economic Possibilities for our Grandchildren ».

Quand nous évoquions précédemment, Bruno et moi, une « loi de baisse tendancielle du taux de travail effectif par rapport au travail accumulé », c'est de cela que nous parlions, bien que dans un vocabulaire différent. La part du capital en tant que travail accumulé n'a cessé d'augmenter face au travail mobilisé en ce moment même et, dans le cadre existant aujourd'hui, « toutes conditions étant égales par ailleurs », nous avons perdu la capacité de faire de l'objectif de plein emploi le point d'articulation autour duquel la machine économique dans sa totalité doit se configurer.

Cela dit, il existe une alternative globale, qui se situe, elle, tout à fait dans une perspective keynésienne. Je la préconise depuis plusieurs années, et j'en ai déjà parlé : elle implique de remettre précisément en question le « toutes conditions étant égales par ailleurs ». C'est faire retomber notre consommation de 1,6 planète à ne serait-ce qu'une planète (il faudrait faire encore beaucoup mieux, bien entendu !), ce qui entraînerait la création d'un nombre considérable d'emplois bien plus gratifiants que la plupart de ceux qui existent à l'heure actuelle ! Une politique de grands travaux d'une telle envergure serait de l'ordre du jamais vu !

Envisager l'avenir de notre espèce sur notre planète dans une perspective de conversion authentique au durable et au soutenable serait le moyen de renverser cette baisse tendancielle du taux de travail effectivement utilisé par rapport au travail accumulé que nous avons évoquée.

Bruno Colmant : Si je me glisse dans les habits de Friedman, l'allocation du travail est plutôt liée à l'appréciation des marchés. C'est la fameuse main invisible d'Adam Smith qui va guider les meilleurs choix d'investissement et donc d'emploi. Ce n'est pas à l'État d'intervenir en la matière.

Mais je ne peux pas imaginer une société où, d'une manière inéluctable, le travail serait disqualifié au profit du capital. C'est une situation qui n'est pas tenable à long terme. On ne peut pas être tous rentiers du passé. Il arrive un moment, et Friedman nous le dirait, où l'importance des revenus du capital devient excessive par rapport au coût du travail. Le capital va s'éroder naturellement, diminuant en termes relatifs *via* un phénomène d'inflation ou de dépréciation. Cette dépréciation du capital permet de redonner plus de poids au travail. D'ailleurs, derrière Friedman, il y a Irving Fisher (1867-1947). Ce dernier formula les bases de la théorie monétaire grâce à une équation qui porte son nom et qui établit une causalité entre les variations de la quantité de monnaie en circulation et les variations du niveau général des prix. De manière simplifiée, il écrit que toute variation de la quantité de monnaie en circulation dans l'économie implique une variation proportionnelle du niveau général des prix. Ainsi, si les autorités monétaires décident d'augmenter la masse monétaire de 10 %, alors les prix augmenteront automatiquement de 10 %. Fisher prend un exemple très simple : il explique que, lorsqu'on parle de la « cherté de la vie », ce n'est pas dû à une montée simultanée de la valeur des marchandises, mais au fait que l'étalon monétaire (c'est-à-dire la devise) change de valeur. Ce raisonnement conduit à ce que, si les gouvernements augmentent la quantité de monnaie, cela se traduit immanquablement par une baisse de la valeur de la monnaie, c'est-à-dire de l'inflation. Ces théories seront relayées par Friedman, quelques décennies plus tard. Dans la théorie de ce dernier, une création monétaire excessive peut entraîner une relance ponctuelle de l'activité, mais à très court terme seulement, car l'inflation réduit rapidement le pouvoir d'achat de la monnaie. À long terme, la masse monétaire n'exerce un effet que sur les prix, et une création monétaire supérieure à la croissance de la production ne pourrait être qu'inflationniste.

Paul Jorion : Keynes se montrait respectueux envers Irving Fisher, dont il considérait qu'il avait anticipé certaines de ses découvertes.

Quant aux marchés, les événements de 2007-2008 ont attiré notre attention sur le fait qu'ils fonctionnent selon deux modes : l'un, quand tout va bien, où intervient effectivement un effet de type « main invisible », ce que les physiciens appellent un *feedback* ou une rétroaction *négative*, où un écart par rapport à la normale s'amortit rapidement ; et l'autre, quand tout va mal, où règne un *feedback* ou une rétroaction *positive*, où prévaut le chacun pour soi, où chacun se rue vers la sortie en piétinant ceux qui se trouvent sur son passage, en précipitant l'effondrement du système dans son ensemble.

Quand Goldman Sachs en vient, en 2008, avec un CDO (*collateralized debt obligation*) de la famille ABACUS, à organiser des paris parmi ses clients sur un produit de dette conçu délibérément pour être de la pire qualité possible, dans une tentative affligeante pour la compagnie de se refaire un peu en tirant profit de l'effondrement du secteur du prêt hypothécaire tout entier, on a quitté le mode de fonctionnement où les marchés exercent un effet autorégulateur pour entrer dans celui, totalement suicidaire, où, pour protéger quelques intérêts particuliers, ils précipitent la chute du système condamné.

La main invisible existe donc bien, mais c'est une petite fleur fragile qui ne survit que quand le temps est au beau fixe !

Bruno Colmant : Je pense que l'économie retrouve toujours des bases stabilisées. Le capital d'une entreprise est appelé à perdre de sa valeur s'il n'est pas remis en œuvre de manière productive. On revient toujours à une prééminence du travail sur le capital.

Paul Jorion : Oui, mais aujourd'hui il s'agit de plus en plus, nous l'avons dit, du travail de la machine. Si nous ne faisons pas attention, nous aurons équipé la machine de la capacité de se reproduire, voire de se perfectionner, au moment même où nous aurons rendu la Terre inhabitable à notre propre espèce, parce que nous l'aurons totalement polluée et que nous aurons complètement déréglé son climat. La phase suivante de l'évolution aura lieu, mais nous ne serons plus concernés – la Nature, elle, s'en fiche que la vie continue de progresser sous la forme d'animaux ou de machines !

Bruno Colmant : Nous ne sommes visiblement pas d'accord sur ce point. Ma vision est peut-être plus résignée. Le capital doit s'éroder pour que son taux de rendement ne reste pas indéfiniment trop important par rapport aux revenus du travail. Mais un certain temps sera peut-être nécessaire pour cet ajustement.

D'ailleurs, si l'on pousse à l'extrême le raisonnement de Paul, l'argent sort des entreprises et plus personne ne travaille. Mais si plus personne ne travaille, que vaut encore l'argent ?

Pour résoudre le problème du manque d'emploi pour tous, la solution de l'allocation universelle a été évoquée. Aurait-elle eu les faveurs de Keynes et Friedman ?

Bruno Colmant : Friedman n'y serait pas favorable. L'idée vient de William Beveridge dans le rapport de 1942 où il définit l'État-providence. Mais, dans la logique friedmanienne, les forces du marché jouent un rôle très important et l'État n'a qu'un rôle minimal. Une allocation universelle constituerait une friction qui nuirait à l'allocation optimale du travail et du capital.

Paul Jorion : Keynes n'a pas envisagé ce type d'approche et ne s'est pas prononcé à ce sujet. Mais si j'extrapole à partir de ses textes où les considérations sociales sont le plus clairement exprimées – ses réflexions de 1928 sur « Les alternatives économiques de nos petits-enfants » ou bien le dernier chapitre de sa *Théorie générale de l'emploi, de l'intérêt et de la monnaie* qu'il publie en 1936, chapitre qui s'appelle « Notes finales sur la philosophie sociale à laquelle la théorie générale peut conduire » –, il est visiblement du côté de ceux qui considèrent que le travail est un domaine de notre vie où nous obtenons de manière privilégiée la reconnaissance des autres, ce qui nous remplit d'une satisfaction en harmonie avec l'essence même de notre nature humaine.

Bruno Colmant : Paul traduit fidèlement la pensée de Keynes. Après la guerre, ce dernier a souvent été utilisé par la gauche comme alibi pour assurer une étatisation plus importante de l'économie. L'allocation universelle est une traduction un peu polluée de ce que Keynes aurait pu dire. Cela donne l'impression d'un État tout-puissant et régulateur, qui est capable par sa seule sécrétion de richesses de fournir une allocation universelle. Or, derrière l'État, il y a des flux d'impôts et de transferts. L'argent de cette allocation ne vient pas du ciel. Cela reflète un modèle d'économie beaucoup plus étatisé.

Paul Jorion : Si on lit avec un peu d'attention ce dernier chapitre de la *Théorie générale* qui s'appelle « Notes finales sur la philosophie sociale à laquelle la théorie générale peut conduire », on s'aperçoit que la philosophie sociale en question – et l'on n'est pas surpris outre mesure si l'on connaît un peu Keynes –, c'est le socialisme, et ce qu'il décrit dans ce chapitre, c'est le moyen de mettre en place une transition vers le socialisme. Il y a une anecdote amusante à ce propos, qui date de 1930 : Keynes se décrivant lors d'une réunion présidée par Ramsay MacDonald, le Premier ministre travailliste, comme « le seul socialiste présent dans la salle ».

Le moyen d'une transition vers le socialisme, c'est ce que Keynes appelle l'« euthanasie du rentier ».

Ce qui est drôle, c'est que cette expression d'« euthanasie du rentier » n'a pas été connue dans le monde francophone pendant très longtemps parce que le premier traducteur de Keynes en français, Jean de Largentaye, a apparemment eu peur d'un mot aussi brutal et s'est contenté de parler de manière beaucoup plus rassurante de la « disparition progressive du rentier ».

L'« euthanasie du rentier » se réalise en faisant disparaître la rareté du capital par une nouvelle forme de partage de la richesse créée qui, je cite Keynes dans le texte, élimine « une répartition de la fortune et du revenu [qui] est arbitraire et manque d'équité ».

Une fois l'« euthanasie du rentier » réalisée, le taux d'intérêt se réduira, dit Keynes, à la somme du coût de dépréciation et de la prime de risque. Keynes écrit que c'est « l'euthanasie du pouvoir oppressif cumulatif du capitaliste d'exploiter la valeur-rareté du capital ».

Dans un monde où le capital est rare, comme le dit le proverbe : « Un tiens vaut mieux que deux tu l'auras. » Dans un monde où le capital, l'argent, ne serait pas rare, mais disponible à quiconque en aurait besoin, un « tu l'auras » ne vaudrait pas deux fois un « tiens », mais la même chose qu'un « tiens » puisqu'un « tiens » se trouverait toujours facilement.

Dès qu'un « tu l'auras » vaudra la même chose qu'un « tiens » parce que le capital aura cessé d'être rare, ce que j'ai l'habitude d'appeler la « machine à concentrer la richesse » aura été cassée. Ma « machine à concentrer la richesse », c'est la même chose que ce que Keynes appelle le « miracle de l'intérêt composé ».

L'« euthanasie du rentier » chez Keynes, ce n'est donc pas du tout un outil de politique monétaire où les classes moyennes sont sacrifiées, comme quand on l'interprète en termes d'inflation (le mot « inflation » n'apparaît pas une seule fois – j'ai vérifié [*rires*] – au seul endroit où Keynes parle de l'« euthanasie du rentier »), c'est la stratégie d'une transition vers le socialisme.

Avec le recul, on peut imaginer que ce qu'on désigne aujourd'hui en France comme les Trente Glorieuses, la période 1945-1974, c'était l'époque où l'euthanasie du rentier était en train de se réaliser. Mais il y a eu ensuite un brutal changement de cap, et le rentier a été porté au pouvoir. Ce sont Thatcher et Reagan, inspirés par Hayek et Friedman, qui s'en sont occupés : ils ont été les promoteurs d'une nouvelle féodalité dont les rentiers seraient les aristocrates.

Keynes n'était pas un naïf : il a songé aux obstacles que la nature humaine pourrait susciter aux programmes de réforme dont les motivations seraient les plus généreuses. Il a réfléchi en particulier aux réactions des gens face à l'argent.

Pour Keynes, les « nouveaux riches » sont le principal obstacle au socialisme parce qu'ils ne visent pas un objectif absolu : obtenir certaines satisfactions spécifiques, mais un objectif relatif : obtenir plus que les autres. C'est l'envie qui les guide : ils tirent satisfaction de l'envie que les autres éprouvent envers eux. Pourquoi ? Parce qu'ils ont connu eux-mêmes l'envie vis-à-vis des autres. Et s'ils font dans le tape-à-l'œil, c'est pour une raison très simple : c'est pour prendre leur revanche.

Tant qu'il y aura des « nouveaux riches », dit Keynes, la « question économique » restera insoluble : tout le monde ne peut pas être « plus riche que tous les autres » !

Quelle est la solution ? Le contraire des « nouveaux riches », ce sont les « vieilles fortunes ». Et les « vieilles fortunes » ne connaissent ni l'envie ni le désir d'être enviées : le tape-à-l'œil leur est inconnu et elles vivent le plus souvent très en dessous de leurs moyens.

Pour éliminer ce désir de certains d'être « plus riches que tout le monde », qui est l'obstacle majeur au socialisme, il faudrait que nous devenions tous des « vieilles fortunes ». Ce qui n'est possible que si chaque famille a de l'argent depuis plusieurs générations et qu'il existe un mécanisme de redistribution à chaque génération pour araser les accidents qui créeraient de nouvelles disparités.

La seule réponse qui paraisse raisonnable, c'est, au lieu d'essayer d'interdire – on ne sait d'ailleurs pas par quels moyens on le ferait – la surenchère dans l'épate du voisin, de faire en sorte que n'apparaissent ni l'envie ni la jouissance que procure la pensée de l'envie qu'éprouve quelqu'un d'autre envers vous. Pour cela, un seul remède : l'« euthanasie du nouveau riche », qui n'est possible que si chacun devient une « vieille fortune » – et cela, ce n'est pas irréalisable, pensait Keynes : il suffit que le rentier ait été euthanasié par la fin de la rareté du capital.

Bruno Colmant : Paradoxalement, l'euthanasie des rentiers répond aussi aux dires de Friedman. Cette euthanasie est une sorte d'annihilation du capital, qui rejoint la théorie friedmanienne qui dit que la quantité de monnaie est non pertinente dans une économie. Dans la logique de Friedman, l'euthanasie des rentiers correspond à un phénomène inflationniste. En réalité, on a tellement imprimé de monnaie que cette dernière perd de sa valeur et que son taux de dépréciation est supérieur au taux d'intérêt.

Paul Jorion : C'est très intéressant, je n'y avais pas pensé : cela signifie que ce que l'on appelle maintenant l'« euthanasie des rentiers keynésienne » n'a rien à voir avec Keynes et est en réalité une euthanasie des rentiers « friedmanienne » !

Bruno Colmant : Oui, on établit un constat keynésien, mais on donne une réponse friedmanienne. On se situe dans un piège de la liquidité où la politique monétaire devient inopérante pour influencer le comportement des individus. Même un taux d'intérêt nul n'incite pas les gens à consommer. Cela, c'est le constat keynésien. Et la réponse friedmanienne consiste à continuer à imprimer encore plus d'argent de telle manière que l'argent se déprécie et qu'un phénomène inflationniste se développe. Cela, jusqu'à ce que les gens se rendent enfin compte de la perte de valeur de leur argent et se disent qu'ils doivent consommer. Ce sont des théories apparemment opposées, mais qui se rejoignent dans la notion de piège de la liquidité.

Parmi les grands problèmes du moment, il y a les déficits publics et les dettes des États européens qui apparaissent difficilement soutenables. Comment Keynes et Friedman auraient-ils trouvé la solution à ces problèmes ?

Paul Jorion : Le niveau des salaires était jugé par Keynes comme intangible, c'est-à-dire non révisable à la baisse. Il y avait à cela, pour lui, deux raisons : la première, d'ordre purement économique ; l'autre, « d'ordre moral », comme il disait, mais nous dirions sans doute plutôt d'ordre « sociologique » ou d'ordre « politique ».

Keynes qualifiait de « poisseux » (*sticky*) le niveau des salaires. De la même manière que la marge de profit ou les loyers, le niveau des salaires fait le gros dos quand des pressions économiques s'exercent sur lui : il résiste à la baisse – c'est le résultat, bien entendu, de la résistance collective de tous ceux qui sont concernés : les salariés qui touchent un salaire, les commerçants qui encaissent un profit ou les propriétaires d'immeubles qui collectent des loyers.

Une chose qui rendait Keynes furieux, c'était que, quand des circonstances économiques difficiles forcent la nation à considérer des sacrifices, seule la « classe de ceux qui gagnent leur vie », comme il l'appelait, est mise à contribution. Les deux autres classes qu'il distinguait – la « classe des investisseurs » et celle « des affaires » – sont épargnées, et cela semble encore aujourd'hui aller de soi pour tout le monde. C'est cela qui l'avait conduit en 1925, dans *The Economic Consequences of Mr. Churchill* – le pamphlet où il s'en prenait à Churchill, qui était alors à la tête du ministère des Finances en Grande-Bretagne –, à taquiner les riches en faisant semblant d'accepter le principe d'une baisse des salaires, mais à condition – à condition seulement – que la mesure soit accompagnée, je le cite, d'« un impôt additionnel de un shilling par livre [soit 5 %] sur l'ensemble des revenus autres que les salaires, impôt à maintenir jusqu'à ce que les salaires effectifs aient retrouvé leur niveau antérieur ». Inutile de dire que la mesure fut rejetée. Les nantis trouvent parfaitement normal qu'on baisse les salaires – puisqu'ils ne travaillent pas personnellement –, mais qu'on ne s'avise pas de toucher aux gains du capital, parce que ceux-là sont sacrés !

En lançant cette provocation, Keynes attirait l'attention sur le fait que, dans notre représentation des processus économiques, les revenus de la « classe de ceux qui gagnent leur vie » sont considérés comme compressibles et à tout moment négociables, alors que ceux de la « classe des investisseurs » et de la « classe des affaires » sont spontanément jugés non négociables et non compressibles. On donne au « moins-disant salarial » le nom pompeux de « compétitivité ». Pendant ce temps, de leur côté, les dividendes et le profit sont apparemment, je l'ai déjà dit, protégés d'un tabou – dont je suppose qu'il a été décrété à une lointaine époque par le fameux Veau d'or !

Bruno Colmant : Je suis persuadé que Friedman n'aurait pas admis un tel dérapage de l'endettement public. Le rôle de l'État doit être confiné à des tâches régaliennes pures, comme la justice, la défense ou la protection des biens et des personnes. Mais dans le même temps, pour Friedman, il y a une sorte d'indifférence par rapport à la quantité de monnaie. Cela a conduit les États-Unis à admettre qu'un déficit menant à un endettement excessif puisse être financé par la création monétaire. L'important, aux yeux des Américains, est de stimuler l'économie en termes de consommation immédiate.

Dans tous les cas de figure, la politique allemande de contraction budgétaire en pleine crise économique fut une regrettable erreur.

En matière de politique monétaire, Keynes et Friedman auraient-ils prôné l'indépendance des banques centrales ?

Bruno Colmant : Chez Friedman, la quantité de monnaie importe peu pour l'activité économique. Si cette quantité augmente, on ne fait que créer de l'inflation ; si elle baisse, cela engendre la déflation. Mais dans la logique américaine, qui n'est pas celle de Friedman, les banques centrales sont un outil régalien. Les objectifs assignés doivent correspondre à la stimulation de l'économie, tout en préservant le pouvoir d'achat et en limitant l'inflation. Donc, il y a une subordination plus importante des banques centrales au pouvoir politique. Et, à mon sens, cela semble logique.

Paul Jorion : Pour Keynes, le rôle le plus important des banques centrales est de maintenir les taux d'intérêt, à court et long terme, au niveau le plus bas possible. Il s'est souvent positionné comme un simple technicien et a fréquemment exprimé son irritation devant les interférences du politique. L'électoralisme lui apparaissait comme un fléau que les hommes politiques apportent au reste du monde.

En 1919, Keynes avait fait partie du contingent britannique à la Conférence de la paix à Paris qui négociait les traités qui seraient conclus entre Alliés et vaincus. Le 8 juillet de cette année-là, Virginia Woolf écrivait dans son journal, après une conversation avec Keynes : « Il est déçu, selon ses mots. À savoir qu'il a cessé de croire en la stabilité des choses qu'il aime. Eton est condamné ; les classes dirigeantes aussi, peut-être même Cambridge. Ces conclusions se sont imposées à lui en raison du spectacle affligeant et dégradant de la Conférence de la paix, où des hommes jetèrent les dés sans vergogne, non pas pour l'Europe, ni même pour l'Angleterre, mais pour assurer leur propre retour au Parlement lors des prochaines élections. »

Aujourd'hui, Keynes dirait sans doute que l'indépendance des banques centrales est devenue factice parce que leurs intérêts sont trop entremêlés avec ceux du marché des capitaux et des grandes entreprises transnationales. Comme la crise de l'euro le souligne, les banques centrales ont cessé de jouer un rôle d'arbitre, leur collusion avec les banques commerciales de leurs pays est totale.

Et si nos deux économistes du XXe siècle avaient dû réformer la finance ? Auraient-ils favorisé une séparation des métiers bancaires pour isoler les activités spéculatives ?

Bruno Colmant : Friedman n'aurait pas défendu la séparation des activités. Mais il aurait été très attentif au fait que le système bancaire réagisse de manière très visible aux impulsions de la Réserve fédérale.

Paul Jorion : Keynes a une vision plutôt positive de la spéculation parce qu'il a été spéculateur lui-même. Dans un livre qu'il a publié en 1923, *A Tract on Monetary Reform*, il est même allé jusqu'à louer la spéculation, disant que les spéculateurs sont plus disposés à assumer le risque et souvent plus qualifiés que les professionnels. Mais il considère quand même qu'il ne faudrait pas exagérer ; treize ans plus tard, dans un passage fameux de sa *Théorie générale*, il met en garde contre les excès : « Les spéculateurs sont inoffensifs tant qu'ils ne sont qu'autant de bulles à la surface du flot régulier de l'esprit d'entreprise. La situation devient cependant sérieuse quand c'est l'esprit d'entreprise qui se transforme en une simple bulle à la surface d'un tourbillon spéculatif. Quand la fructification du capital d'une nation se transforme en sous-produit de l'activité d'un casino, le travail est rarement fait correctement. »

Ses performances personnelles en tant que spéculateur ont connu des hauts et des bas, mais c'est grâce à la spéculation qu'il a pu entretenir financièrement ses amis du groupe de Bloomsbury, qui réunissait des artistes et des intellectuels britanniques. Il a longtemps été trésorier du King's College à Cambridge et il se livrait là aussi à une certaine spéculation sur le portefeuille de l'institution avant de revenir plus tard à des investissements plus robustes ; il a ainsi fini par s'impliquer personnellement dans la gestion d'une ferme que possédait le collège.

Contrairement à ses confrères économistes, Keynes évoque souvent la spéculation ou la mentalité du spéculateur. Ainsi, dans la *Théorie générale*, il parle du « motif spéculatif » comme étant l'un des trois facteurs qui expliquent la préférence pour la liquidité : « l'objet de s'assurer d'un profit du fait que l'on sait mieux que le marché de quoi sera fait l'avenir. »

Cela dit, Keynes ne décrira jamais le mécanisme qui expliquerait véritablement comment la spéculation agit sur la formation des prix ou des taux.

En tant que spéculateur à ses heures, Keynes aurait-il accepté une cotation par jour en Bourse ? Et Friedman ?

Bruno Colmant : Milton Friedman n'aurait pas été d'accord. Pour lui, la fluidité de la formation des prix doit prévaloir. Le marché doit sécréter sa propre expression de valeur. L'économie doit s'auto-ajuster en permanence, sans aucun dirigisme. Il aurait été favorable à des marchés ouverts vingt-quatre heures sur vingt-quatre.

Paul Jorion : Keynes n'a jamais approfondi ce point. Il s'est demandé s'il ne faudrait pas imaginer pour les actions l'existence seulement du marché primaire. Il n'y aurait pas de marché secondaire où l'on revend les actions : l'acheteur conserverait ses titres à perpétuité. J'ai déjà cité le passage de la *Théorie générale* où il évoque dans une sorte de rêverie de « rendre l'achat d'un investissement permanent et indissoluble, comme le mariage, si ce n'est pour cause de décès ou pour une autre raison impérieuse ».

Dans une perspective keynésienne, j'arrive à la conclusion qu'il n'y a aucune nécessité d'assurer une liquidité parfaite. Comme le dit Keynes, la préférence pour la liquidité, ce n'est jamais qu'une préférence pour l'argent plutôt que pour tout autre bien, c'est-à-dire, en réalité, une forme d'anxiété. De toute manière, comme il le souligne aussi : « La liquidité de l'investissement pour la communauté dans son ensemble, cela n'existe pas. »

J'ai déjà rapporté les propos de Lord Adair Turner pour qui une liquidité excessive crée une volatilité artificielle contre laquelle les non-banquiers doivent alors se protéger. Les banquiers se font alors un plaisir de leur procurer ce service… contre rémunération !

Bruno Colmant : Pour Friedman, la volatilité est inhérente au marché. Elle est un produit de la formation des prix, et non pas une variable qu'il faut contrôler.

Paul Jorion : Pour Keynes, les prix bougent de toute manière en raison des « esprits animaux » : notre « besoin spontané d'action plutôt que d'inaction », comme il dit, notre prédisposition à faire quoi que ce soit plutôt que rien du tout.

*Comment Keynes et Friedman appréhenderaient-ils le rôle de l'économiste au XXI*e *siècle ? Surtout, que diraient-ils des économistes d'aujourd'hui ? Iraient-ils jusqu'à dire que personne n'a réussi à les remplacer ?*

Paul Jorion : On aura compris que Keynes était un *honnête homme* qui mobilisait toutes les connaissances dont il disposait pour comprendre l'économie. Interrogé aujourd'hui, il dirait probablement qu'il est essentiel de comprendre les problèmes économiques, et il ajouterait avec l'humour typique du *don* de Cambridge que, si l'on parvient à les comprendre, le fait qu'on soit économiste ou charcutier est parfaitement indifférent. J'aurai toujours une certaine fierté d'avoir appris le métier de chercheur au sein de ce monde, où le savoir en tant que tel compte bien plus que la carte de visite.

C'est pour cela que j'essaie personnellement de ressusciter le vrai Keynes, de retrouver l'originalité de sa réflexion sous la gangue du « keynésianisme », d'éliminer les confusions, comme celle dont nous nous sommes entretenus, quand on évoque l'« euthanasie du rentier de Keynes » alors que l'on parle en réalité de la conception de l'inflation chez Friedman.

Une chose est sûre, en tout cas : Keynes se situe dans la tradition de l'économie politique, conçue comme une « science morale ». Il se méfiera toujours des équations, et plus il avancera dans son œuvre, plus il s'en méfiera. Et la raison, paradoxalement, c'est sa formation initiale de mathématicien. Le projet de la « science » économique de mimer la physique, plutôt que de le rassurer, suscitera toujours chez lui de la suspicion.

Dans une conversation avec Keynes aujourd'hui, je pense qu'il serait prêt à reconnaître qu'à certains endroits de ses théories il a dû se contenter de raccourcis, et son évocation de « mécanismes psychologiques » pour expliquer tel ou tel aspect de la finance a souvent servi de raccourci. Ses « mécanismes psychologiques » postulés sont là pour cacher les lacunes de sa modélisation théorique. Sur la formation du taux d'intérêt, il serait sans doute d'accord pour estimer que le niveau où le taux va se fixer ne dépend pas tellement, comme il l'a toujours affirmé, de la représentation que s'en fait soit le prêteur, soit l'emprunteur, mais du rapport de forces qui existe entre les deux.

Je considère comme une forme de piété de compléter l'œuvre de Keynes là où existent de telles lacunes. Il aurait sûrement encouragé un tel projet : l'arrogance qu'on lui a souvent attribuée cachait certainement une profonde humilité. Les grands hommes expriment leurs doutes avec audace. Certains prennent cela à tort pour de l'arrogance.

Bruno Colmant : Quant à Friedman, il dirait sûrement que les États-Unis ont bien compris son message d'il y a trente ans. La réponse donnée avec une politique de déficit et de relance de la consommation grâce à un endettement temporaire était la bonne solution. Il dirait peut-être aussi que le monde n'a pas tellement besoin d'économistes, puisque le marché trouve un ajustement permanent (*rires*).

Et si vous deviez, en tant que Keynes et Friedman, proposer une mesure, une seule, pour résoudre la crise...

Paul Jorion : Il faudrait réexaminer les raisons qui ont poussé, à la fin du XIXe siècle, à autoriser la spéculation qui avait été interdite jusque-là. Et voir si le moment n'est pas venu de réinstaurer ces mesures d'interdiction, une fois pour toutes je l'espère.

Bruno Colmant : En tant que Milton Friedman, je me demanderais comment le poids de l'État dans l'économie a augmenté dans de telles proportions. Il faudrait se focaliser sur les moyens de diminuer ce poids. Avec comme seule solution une dépréciation de la monnaie, contrepartie de l'endettement public.

X

Conclusion

Au terme de ce dialogue, où nous avons croisé les illustres Milton Friedman, John Maynard Keynes et Karl Marx, où nous avons rencontré furtivement des économistes contemporains comme Joseph Stiglitz, Paul Krugman, Adair Turner et Robert Shiller, où nous avons aussi fait revivre des noms oubliés comme celui de Sismondi, il était intéressant de tirer un bilan final avec Paul Jorion et Bruno Colmant. Quels sont les grands enseignements de leur dialogue ? Quelles sont, à leurs yeux, les mesures à mettre en place rapidement pour contrer cette crise persistante ? Et, surtout, quelles sont les raisons de rester malgré tout optimiste pour le futur ?

Que retenez-vous de votre rencontre ? Quel est l'élément qui vous a le plus étonné chez l'autre ?

Paul Jorion : J'ai mentionné dans nos entretiens le nom de Jens Weidmann, le président de la Bundesbank, dont je lis chacune des interventions avec le même plaisir, en me disant : « Voilà quelqu'un qui sait de quoi il parle », et il faut que j'ajoute : « Une des très rares personnes qui savent de quoi elles parlent ».

Et, dans mes conversations avec Bruno, j'éprouve un sentiment semblable : il est l'un des rares qui savent de quoi ils parlent sur les questions économiques et financières. Une discussion avec lui est donc toujours pour moi la source d'une très grande satisfaction.

Pas de conversation avec Bruno, non plus, dont je ne sorte avec le sentiment d'avoir appris quelque chose – et, le plus souvent, quelque chose d'important. Parfois, c'est au moment même où nous parlons, et le lecteur aura eu, je crois, à plusieurs reprises, ce sentiment d'avoir assisté dans nos échanges à une découverte qui avait lieu en direct sous ses yeux.

Bruno Colmant : Paul formule une vision holistique de la crise, avec de larges perspectives qui dépassent le cadre de l'immédiat. Il a une capacité à faire pénétrer dans un monde de l'inattendu.

Cette rencontre a-t-elle modifié votre réflexion sur cette crise multiforme que nous vivons depuis 2007 ?

Bruno Colmant : Quand on est économiste, professeur d'université, on doit rester vulnérable aux réalités des autres. Au départ, je voyais la crise économique comme un modèle mathématique. Pour moi, l'économie était une science absolue. Une équation. Et les marchés étaient parfaits et se suffisaient à eux-mêmes. Il y avait comme une fluidité des choses. J'ai confronté tout cela à des lectures, à des conférences. La crise de 2008 a été un choc salutaire, existentiel. Elle a révélé chez moi un déficit de valeurs de solidarité et de partage. Je pense maintenant qu'il y a plus de bonheur dans la solidarité que dans la rigueur. Et que la question sociale doit être résolue avant la question monétaire. Le dialogue avec Paul m'a aussi renforcé dans la conviction que de profondes tensions sociales se cachent derrière l'immense dette publique que nous avons bâtie. Bien sûr, on pourra arguer que la dette publique est, en tant que telle, un ciment social, puisque l'État-providence, qui est l'origine de cette même dette publique, a déstratifié les classes sociales, qui étaient auparavant mieux délimitées, et les a fondues dans un ensemble de liens de créanciers et de débiteurs à l'État. La dette publique est ainsi devenue consubstantielle à l'économie individuelle. Mais imaginer qu'elle nous est étrangère dans le temps ou dans l'espace relève d'une erreur de vision.

Les gouvernements européens devront inévitablement formuler des arbitrages dans la tempête conjoncturelle afin d'éviter un affaiblissement de l'Europe en termes monétaires et sociaux.

Des troubles sociaux sont prévisibles. Ils seront aggravés par le fait que la mobilité sociale a décru au cours des dernières années et que la société de l'information a accentué les clivages sociétaux. Le risque de frictions sociales est réel, car le capital des jeunes générations est épuisé. Déjà qualifiée de « perdue », la jeunesse n'acceptera pas une économie de catacombes ou un avenir en pointillé. Alors qu'elle aurait dû être exclusivement tournée vers l'avenir, cette jeunesse est asservie aux dettes du passé tout en devant concomitamment faire face à un monde plus complexe. Cette génération n'est pas irrévérencieuse : elle est en questionnement, car la crise révèle un fossé générationnel. Une chose est certaine : les générations futures n'accepteront plus que le pays soit dirigé avec les mêmes réflexes politiques que ceux qui ont prévalu au cours des décennies passées. C'est d'ailleurs cela qui finit par régler les problèmes de l'économie, qui retrouve toujours des bases stabilisées : la jeunesse, synonyme d'avenir, et qui, naturellement, suscite une résilience salutaire.

Il ne faut jamais oublier que les gouvernements doivent assurer deux choses : l'ordre monétaire et l'ordre social. Mais, si la monnaie fonde l'ordre social, elle lui est subordonnée. En d'autres termes, un gouvernement ne subordonnera jamais l'ordre social à la discipline monétaire. C'est d'ailleurs le fondement du droit régalien de battre monnaie, c'est-à-dire du privilège des gouvernements de définir la valeur relative de la monnaie. Keynes l'avait bien écrit : il est « plus grave, dans un monde appauvri, de provoquer le chômage que de décevoir le rentier ».

Paul Jorion : Pour parler très franchement, puisque nous sommes entre amis (*rires*), j'ai une appréhension : m'apercevoir un jour que, sur l'une de ces questions économiques et financières, j'ai commis une énorme bourde.

Pourquoi cette crainte ? Parce que je me trouve quand même face à ce monument qu'est la « science » économique et que je ne dispose, moi, que de la toute petite boîte à outils que m'a offerte l'anthropologie économique et que j'ai complétée personnellement de bric et de broc en autodidacte, d'abord sur le terrain en tant qu'anthropologue, parmi les pêcheurs bretons et africains, ensuite sur le tas en tant qu'ingénieur financier, dans des salles de marché de banques, à la tarification des prêts ou à la gestion du risque au siège de grosses banques américaines. Avec un savoir qui s'est construit comme un patchwork, il ne serait pas du tout étonnant que je sois passé à côté de quelque chose de tout à fait essentiel.

Alors, quand quelqu'un, élevé lui dans le sérail, pour qui j'ai le respect que je viens de dire, affirme non seulement : « Si ! c'est vrai ! », mais aussi : « Et tu m'as convaincu alors que je pensais autrement ! », je me sens rassuré et je l'en remercie : si je me suis fourvoyé, ce n'est du moins pas d'une manière trop voyante.

Quels sont pour vous les principaux enseignements de votre dialogue ?

Bruno Colmant : Il s'agit d'un enseignement portant sur les valeurs sociétales et collectives. Depuis plusieurs années, je m'attends à un *aggiornamento* (mot italien qui signifie « mise à jour ») économique, c'est-à-dire un renouveau du modèle social, pour reprendre les termes utilisés lors du concile de Vatican II (1962-1965), lorsque l'Église catholique, pétrie de certitudes anciennes, décida finalement d'entrer dans le XXe siècle, après des décennies de ténèbres et d'oppression morale. Je crois que nous tournons péniblement la page de la fin d'une époque. Nous balbutions quelques solutions timides et des recettes anciennes.

Pourtant, c'est le monde qui a changé. Tout a été bouleversé par les mains hasardeuses du temps : les régimes totalitaires se sont écroulés, le progrès de quelques hommes a enrobé le planisphère d'un flux d'informations.

Dans ce tourbillon de magie et d'optimisme, le progrès s'est déployé et… la jeunesse est au chômage. Et pourtant, elle tient, par sa créativité et sa flexibilité, les clés du monde de demain, pour lequel elle est d'ailleurs faite, avide d'aventures et de défis. Je me rappelle toujours que les ingénieurs qui ont envoyé des hommes sur la Lune, en juillet 1969 (c'est-à-dire quelques trimestres après Vatican II), étaient une bande de jeunes types enthousiastes.

Dans les discours politiques et les médias, on parle des pensions, des déficits structurels, des plans de licenciement et des délocalisations, mais peu de l'avenir des jeunes. Pas assez de mots sur leurs débouchés professionnels et l'optimisme qui devrait leur être offert.

Les jeunes apprennent que la crise serait une réplique de celle des années 1930, mais rien n'est dit sur leur avenir. À l'instar de ce qui se passe dans tous les autres pays européens, ces jeunes ne comprennent pas que les problèmes de la génération à laquelle ils succèdent aient été arbitrés à leur détriment.

L'emploi se dissipe, et ils entendent qu'ils seront débiteurs des dettes de la génération précédente. Ils prennent conscience du fardeau de l'endettement public, qu'ils ne voudront ni n'arriveront à éponger.

Alors, que leur expliquer ? Quelque chose doit s'être fissuré dans l'économie. En une dizaine d'années, nos communautés se sont profondément transformées au détriment d'une solidarité sociale et de l'esprit d'entreprise.

Peut-être est-ce nous, les plus âgés, qui devons nous interroger et nous interpeller réciproquement. Quel est le contrat social que nous voulons formuler ? Quelle est la justice sociétale que nous voulons dire ? Et surtout, au-delà des agitations de certains, quelles sont les valeurs morales que nous souhaitons diffuser ?

Paul Jorion : L'occasion nous est rarement donnée d'avoir une discussion de fond avec des gens dont les opinions se situent au pôle opposé du nôtre sur l'échiquier politique. Cela arrive quelquefois dans une table ronde, mais tout cela est alors fortement mis en scène et il est impossible d'aller très loin dans la confrontation des points de vue. Par ailleurs, après quelques joutes mémorables il y a quatre ou cinq ans, des organisateurs d'événements me signalent maintenant à intervalles réguliers qu'ils ont voulu organiser un débat entre moi et un grand ténor de la droite néolibérale ou ultralibérale, mais que la personne en question s'est défilée. Du coup, je n'ai pas la possibilité d'affronter une véritable opposition.

Avec Bruno, une telle occasion m'est heureusement donnée. Il y a là un vrai défi et il est très salutaire.

Ce défi ne se concrétiserait évidemment pas si j'avais le sentiment que nous avons des points de vue tout à fait différents sur la solution purement technique des problèmes économiques et financiers. Prenons l'exemple d'un problème monétaire : « Qu'est-ce qui se passe si une banque centrale imprime de l'argent sans création de richesse dans la nation en contrepartie ? » Bruno et moi avons la même réponse. Si l'on passe maintenant à la question : « Y a-t-il des circonstances où une banque centrale devrait le faire ? », là nous aurons éventuellement des réponses différentes parce qu'il y a des enjeux sociétaux que nous pourrions évaluer différemment, mais il n'y aura pas l'obstacle qui découlerait du fait que notre réponse est déterminée par le fait que nous nous représentons très différemment les conséquences du fait qu'une banque centrale fait tourner la planche à billets.

Comme il est très difficile de se faire des objections à soi-même, si l'on se trouve dans la situation – comme c'est le cas pour Bruno et moi – d'avoir en face de soi quelqu'un qui sera d'accord avec vous sur la solution purement technique d'un problème, mais qui aura un point de vue différent sur les enjeux sociétaux, il y a moyen d'avancer. Il est possible de progresser parce que votre interlocuteur vous aura entraîné sur des terres inconnues, des terres qui sont inexplorées pour vous.

C'est ce qui s'est passé pour moi dans ces entretiens : les lecteurs de mes livres précédents m'auront vu reprendre certains arguments qui leur sont déjà familiers, mais ils m'auront aussi découvert sur des terres vierges pour moi, où Bruno m'a entraîné et où je ne serais pas allé de moi-même, non pas parce que j'aurais refusé de m'y rendre, mais par manque d'imagination : essentiellement parce que je ne savais pas que ce pays existait avant que Bruno ne me signale son existence !

Autre enseignement pour moi : sur quels points suis-je capable de convaincre un adversaire politique, et avec quel type d'arguments ? Pour moi, c'est quelque chose de très important parce que nous sommes embarqués dans une grande guerre des idées, dont l'issue fera que nous pourrons ou non assurer la survie de notre espèce à la surface de la planète – cela fait très grandiloquent de dire les choses comme cela, mais c'est malheureusement là le véritable enjeu. Or, sur ce plan, « Paul Jorion, combien de divisions ? » Zéro ! Alors que nous avons, dressés devant nous, des thuriféraires de ce système moribond, mais qui refusent mordicus de le réformer.

Certains d'entre nous sont là à dire : « Écoutez, la machine est cassée, mais on peut la réparer assez facilement : il suffit de faire ceci… », et nous avons en face de nous des gens qui affirment, contre toute évidence, mais sans que cela les gêne le moins du monde : « Elle est en parfaite santé, on n'a pas besoin de vos solutions ! » Et, en faisant cela, ils précipitent bien entendu la chute du système auquel ils tiennent tant par ailleurs, réduisant les chances d'une transition douce vers un système plus viable et plus vivable. Comment leur faire entendre raison ?

C'est là qu'il est important de pouvoir tester ses arguments par la discussion, non pas en affrontant l'un ou l'autre caractériel emprisonné dans sa rigidité, mais en les éprouvant sur quelqu'un qui pourra faire apparaître à vos yeux les lacunes et les faiblesses de vos raisonnements.

Si vous deviez citer trois mesures à mettre en évidence pour résoudre les problèmes que vous jugez les plus urgents...

Bruno Colmant : Il n'y a pas trois mesures, mais un faisceau de convictions et de réalités. Le piège économique se referme inexorablement dans la zone euro. Le scénario de la déflation japonaise était connu. Il était même dénoncé comme le pire danger économique. Et pourtant, par manque de vision et par obstination politique, la zone euro s'engage dans cette voie mortifère. Cette plongée dans des abysses économiques sera longue et effrayante, car l'Europe a vécu sur un postulat de croissance depuis près de sept décennies.

Une déflation est bien pire qu'une inflation. En effet, une inflation peut être combattue par une augmentation autoritaire des taux d'intérêt et des contrôles des prix, au prix d'un tassement économique. En revanche, une déflation est une épouvantable résignation parce que la politique monétaire classique devient inopérante. Elle entraîne le chômage, un marasme économique et une augmentation du taux d'intérêt réel (c'est-à-dire après déduction de l'inflation) des emprunts (publics et privés) qui contrarie les investissements. Une déflation s'accompagne d'ailleurs souvent d'un piège de la liquidité, qui est une situation caractérisée par l'accumulation d'épargnes de précaution malgré des taux d'intérêt très bas. À titre d'exemple, la vélocité de la monnaie, c'est-à-dire le rythme auquel les billets « tournent » dans l'économie, a baissé de 50 % en dix ans. C'est à l'évidence une catastrophe, car il n'est pas possible de stimuler la compétitivité et de baisser les déficits publics en période de déflation.

Les causes de cette déflation sont multiples : il y a bien sûr une désindustrialisation et l'onéreux État-providence dont il faudra solder l'endettement. Pendant trop longtemps, l'Europe a cru pouvoir prolonger un modèle d'économie industriel, alors que l'économie de marché est désormais fondée sur la flexibilité des facteurs de production et, surtout, la versatilité des foyers de croissance. L'État ne peut donc plus jouer le même rôle redistributif que la reconstruction d'après-guerre et le modèle manufacturier avaient autorisé.

Pourtant, il y a deux autres causes.

La première erreur relève d'une grave myopie politique. Dès la crise de 2008, il était évident qu'un terrible choc allait affecter l'économie réelle. En effet, la crise de 2008 n'était pas uniquement une crise des *subprimes*, mais un basculement sociétal fondamental. L'économie marchande adoptait les règles du libre-échange mondialisé dont l'ouverture des marchés et de l'Internet avait scellé les fondations. L'année 2008 représenta une immersion brutale dans un capitalisme anglo-saxon dont le modèle est désormais devenu une norme de croissance.

Ce choc de 2008 activa les stabilisateurs économiques des États qui durent, de surcroît, recapitaliser ou nationaliser les banques. La croissance de leur endettement était donc inéluctable, d'autant que le choc du vieillissement de la population commença à embraser les dépenses de pension. Si l'endettement des États s'enflamma pour des raisons légitimes, il révéla aussi son effarante réalité : depuis des décennies, l'endettement de l'État sert à financer des dépenses de fonctionnement plutôt qu'à investir dans des projets porteurs de croissance collective. Nous vivons donc aux dépens de futures générations. Certains hommes politiques, tel Jacques Delors, avaient pourtant préconisé d'asseoir l'Europe économique sur de grands travaux. Ils n'ont pas été écoutés.

Face à la croissance de l'endettement public, dont les modalités furent d'ailleurs différentes selon les États membres de la zone euro, les autorités européennes décidèrent d'imposer de violentes politiques d'austérité. C'était évidemment une erreur totale, comme si la théorie keynésienne avait été lue par dyslexie. Dans les années 1930, Keynes exhorta les pays en déflation à ne pas aggraver cette dernière par des politiques de rigueur. Il ne fut pas écouté, alors que toutes les politiques déflationnistes échouèrent (Laval en France, Hoover aux États-Unis, Brüning en Allemagne, etc.) jusqu'à en devenir des ferments de violence militaire. Au reste, la plupart des politiques de rigueur sombrèrent dans la dévaluation (Front populaire français en 1936 et gouvernement belge de Van Zeeland de 1935).

La contraction budgétaire est aujourd'hui scellée dans un pacte européen qui va inévitablement catalyser la contorsion économique. Ce pacte exige de diminuer l'excédent d'endettement public de 5 % par an afin d'atteindre un rapport de la dette publique sur le PIB de 60 %. Le pourcentage de 60 % n'est pas neuf, puisqu'il fondait un des critères d'accession à la zone euro en 1999. Cette règle se conjugue désormais à ce qu'on appelle la « règle d'or », qui exige de ne pas dépasser un déficit « structurel », c'est-à-dire compte non tenu des aléas conjoncturels, égal à 0,5 % du produit intérieur brut (PIB). Faute de pouvoir réaliser une dévaluation monétaire « externe », l'Europe a imposé une dévaluation « interne », c'est-à-dire une contraction budgétaire et des modérations salariales, traduites sous l'exigence de programmes d'austérité, dorénavant consacrés par le pacte budgétaire.

L'autre cause de la déflation est l'euro, dont les erreurs de conception apparaissent désormais avec effarement. C'est ainsi que la logique des pays du Nord, qui était fondée sur une désinflation compétitive, se transforme en déflation récessionnaire. L'euro est devenu une monnaie génétiquement déflationniste et nous tombons dans un piège à la japonaise, c'est-à-dire celui d'une monnaie forte assortie d'un manque d'inflation et de croissance.

L'Allemagne impose sa souveraineté monétaire à la zone euro. Et, contre tout bon sens, l'obstination politique germanique écarte l'inflation, alors que l'assouplissement monétaire est poursuivi par les États-Unis, l'Angleterre et le Japon. La déflation rendra les dettes publiques impayables. Sans inflation, je crains que nous ne sortions de cette crise d'endettement public « par le bas et par l'intérieur », c'est-à-dire par des effacements de dettes publiques dans les pays du sud de l'Europe.

De plus, un autre risque se précise : la hausse des taux d'intérêt. Les banques centrales ont toutes affirmé qu'elles garderaient les taux d'intérêt à un niveau plancher, mais cela ne vaut que pour les taux à court terme. Les taux à long terme sont, quant à eux, déterminés par les marchés. Et il faut s'y préparer : ces taux à long terme vont augmenter pour plusieurs raisons : aboutissement progressif de l'assouplissement monétaire aux États-Unis (qui équivaut à une baisse artificielle des taux à court terme de 2 %), chute des devises émergentes, poussées d'inflation, etc. Une telle hausse sera catastrophique pour une Europe engluée dans la déflation et la récession.

Que devrions-nous faire ? Aucune solution n'est idéale. Pourtant, il faudrait créer un choc d'inflation, c'est-à-dire déprécier fortement l'euro par un immense assouplissement quantitatif, soit un refinancement massif (correspondant à une création monétaire) des dettes publiques des pays fragilisés. En d'autres termes, il faudrait s'inspirer de la politique monétaire japonaise contemporaine, puisque nous tombons dans un scénario nippon. Une inflation risque, bien sûr, d'entraîner une hausse des taux d'intérêt, mais on peut imaginer que les

États contrôlent assez le circuit du crédit pour la neutraliser. Et cela ne suffira pas : il faudra admettre que le retour à l'équilibre budgétaire n'est pas la solution alors que l'économie se contracte. Mieux vaut, en effet, de grands projets d'infrastructure destinés à moderniser l'Europe au-delà des États-nations. L'Europe n'y est pas préparée. Une décennie aride l'attend. Mais qu'on ne s'y trompe pas : la monnaie et l'ordre social ne sortiraient pas indemnes d'une déflation. Ce sera la dernière défaite de l'euro.

Paul Jorion : Dans mon livre *Misère de la pensée économique*, paru en 2012, j'évoque les trois dimensions qui se combinent selon moi aujourd'hui pour constituer un *soliton*, c'est-à-dire une vague scélérate, faite de l'addition de plusieurs autres, qui risque d'emporter l'humanité tout entière.

La crise que nous vivons aujourd'hui se distingue des grandes crises que nous avons connues précédemment – la dépression des années 1930, par exemple – par le fait que trois crises se combinent en une seule de taille gigantesque et qu'il ne suffit pas de résoudre même brillamment l'une des trois, mais qu'il faut résoudre les trois simultanément si nous ne voulons pas que le problème que nous léguons aux générations futures soit tout simplement le fait qu'elles existeront ou non.

Ces trois crises sont liées à des particularités de notre espèce en tant qu'espèce animale. Il y a là des sources de fierté et des sources de honte. C'est *a mixed bag*, comme disent les anglophones : un constat mitigé.

La première crise est la conséquence du fait que nous sommes un animal colonisateur : nous envahissons notre environnement et nous l'exploitons jusqu'à sa complète destruction. Après notre passage, comme après Attila, l'herbe ne repousse pas. L'ennui, c'est qu'après la Terre il n'y a plus que la planète Mars à coloniser et que, là, il n'y a déjà pas d'herbe avant même que nous ne soyons arrivés.

La deuxième crise est la conséquence du fait que, en tant qu'espèce, nous sommes de petits génies. Nous avons utilisé une capacité qui nous appartient, et qui ne se trouve nulle part ailleurs dans la nature – j'ai vérifié (*rires*) : le raisonnement analogique, la capacité à reconnaître qu'un problème présente la même forme qu'un problème que nous avons résolu précédemment et à le résoudre alors selon la même méthode. C'est cela qui nous a permis de créer des machines qui sont devenues beaucoup plus efficaces que nous dans la quasi-totalité des domaines, mais dont la complexité du comportement nous dépasse maintenant.

Les gens vous disent : « Mais comment voulez-vous que la complexité des robots et des logiciels nous échappe, puisque c'est nous qui les programmons ! » Ces gens-là n'ont manifestement jamais été programmeurs et ne savent pas ce que c'est qu'un « effet non linéaire » : quand de nombreuses interactions entre des objets qui se comportent gentiment de manière prévisible individuellement se combinent, et produisent des comportements collectifs qui nous deviennent complètement opaques, ininterprétables.

La troisième crise est la conséquence de la combinaison du fait que nous sommes des animaux dont le comportement territorial s'est développé de manière absolument morbide, et du fait que, de façon générale, les individus de notre espèce n'atteignent jamais le stade adulte et que nous continuons toute notre vie à jouer comme des chiots (le terme technique pour cela est *néoténie*). La combinaison de ces deux traits produit un cocktail létal, comme celui que nous voyons aujourd'hui dans la crise des *subprimes* et ses retombées pour la dette publique, les années suivantes !

Nous avons inventé la propriété privée, dont Jean-Jacques Rousseau nous avait fort bien expliqué pourquoi cela nous amenait la peste. Je rappelle la façon admirable dont il l'avait formulé : « Le premier qui, ayant enclos un terrain, s'avisa de dire : “Ceci est à moi”, et trouva des gens assez simples pour le croire, fut le vrai fondateur de la société civile. Que de crimes, de guerres, de meurtres, que de misères et d'horreurs n'eût point épargnés au genre humain celui qui, arrachant les pieux ou comblant le fossé, eût crié à ses semblables : “Gardez-vous d'écouter cet imposteur ; vous êtes perdus, si vous oubliez que les fruits sont à tous, et que la terre n'est à personne.” » Le résultat, c'est que tout appartient à quelqu'un et que, si nous avons besoin de l'utiliser, il faut l'emprunter et payer des intérêts pour pouvoir le faire. Et, pour payer ces intérêts, nous ne connaissons qu'une seule méthode : la « croissance », qui n'est que le nom amical que nous avons donné à la destruction de la planète.

Nous avons ensuite inventé la spéculation : nous tenons absolument à parier sur le fait que nous avons raison et que les autres ont tort, ce qui nous permet de perdre notre chemise avec une très grande régularité.

Le versement d'intérêts, combiné avec la spéculation, cela produit une machine à concentrer la richesse dont l'efficacité est telle qu'aujourd'hui, en 2014, les 67 personnes les plus riches possèdent autant que la moitié de l'humanité la plus pauvre : les 3,5 milliards de gens les moins riches.

Maintenant, trois mesures pour régler cela ? Trois, c'est peu, vu l'ampleur de la menace. Heureusement, j'ai déjà eu l'occasion de les mentionner lors de notre discussion.

1° Faire baisser notre consommation de 1,6 planète Terre par an à 1 planète Terre. Avec l'avantage que cette transition exige des bras en quantités considérables et donnera du travail à tout le monde, et le genre de travail qui met tout le monde de très bonne humeur.

2° Reprendre le pouvoir sur les ordinateurs. Le *fixing* à la Bourse n'est qu'un exemple particulier de cette réduction de la complexité. Les machines, nous les avons créées pour qu'elles nous aident, pas pour qu'elles prennent des décisions à notre place : les décisions doivent rester de notre ressort et, si elles nous ont déjà échappé, il faut qu'elles nous reviennent.

3° La troisième mesure porte sur l'économie et la finance. Elle est en trois parties (je sais : je triche !), et, en fait, en quatre parties – la quatrième, je la réserverai pour en faire ma conclusion personnelle à nos entretiens.

a) L'industrie produit de la nouvelle richesse sur laquelle les versements d'intérêts pourront être ponctionnés, mais un particulier qui emprunte parce qu'il n'a pas suffisamment d'argent à sa disposition ne crée pas de la richesse supplémentaire à partir de son prêt puisqu'il n'emprunte pas pour produire, mais pour consommer. Pour verser les intérêts et rembourser la somme empruntée, il doit hypothéquer ses futurs salaires. Il faut donc faire du crédit à la consommation un service public sans versement d'intérêts, à part une prime de crédit d'un montant peu élevé pour couvrir le risque de non-remboursement.

b) Il faut ré-interdire la spéculation. Nos aïeux avaient interdit la spéculation, et ils avaient parfaitement raison de l'avoir fait. Continuons de jouer, puisque c'est un aspect sympathique de notre nature humaine, mais déconnectons nos jeux de l'économie, qui est une chose très sérieuse parce qu'elle peut signer l'arrêt de mort d'êtres humains en très grand nombre.

c) Redéfinissons la propriété privée, qui était une manie sans conséquence sur une planète où nous n'étions que quelques millions, mais qui conduit aujourd'hui à cette situation où une poignée de personnes possèdent autant de richesses que la moitié de l'humanité la plus pauvre – ce qui non seulement est affligeant en soi, mais, en l'absence d'un pouvoir d'achat suffisant, grippe entièrement la machine économique et, sur le plan politique, le fonctionnement même de nos démocraties, qui sont dévoyées par le pouvoir de l'argent.

Enfin, au terme de ce dialogue qui apparaît comme un voyage dans le monde de l'économie et de la finance, restez-vous optimistes pour le futur ?

Bruno Colmant : Je suis optimiste pour la jeunesse, mais pessimiste pour les formulations des mondes anciens. Je ne suis donc pas optimiste pour la zone euro. Cette zone monétaire me paraît de plus en plus relever de l'ordre du symbolique, en déconnexion avec les réalités de l'économie productive. Elle relève aussi de profondes dissensions et disparités entre les pays et les peuples qu'un étalon monétaire ne peut pas gommer. Les prochaines années devraient nous confronter à des modifications structurelles de l'économie. Dans nos économies européennes, le niveau d'endettement public est incompatible avec les perspectives de croissance. L'emprunt de la prospérité future est antagoniste avec les anticipations démographiques et d'activité économique.

Les États, lourdement endettés et empêtrés dans une récession, devront cohabiter avec des acteurs privés, c'est-à-dire des entreprises et des marchés dont le champ d'influence et d'action dépasse celui des États-nations. Cette réalité sera source de tensions idéologiques.

La frontière entre la propriété privée et les biens publics sera modifiée, dans le sens d'une étatisation croissante, mais temporaire, de l'économie.

La crise est donc devant nous. Elle est devant nous, car le tassement économique va durer des années. Des années pendant lesquelles des politiques d'austérité aveugle vont entraîner un chômage qui culmine déjà à 12 % de la population active européenne, alors que certains continuent à invoquer la rigueur budgétaire et la contraction monétaire.

Et il faut bien comprendre que cette récession est tenace, alors que les taux d'intérêt sont proches de zéro. Une faible remontée de ces derniers étoufferait toute reprise potentielle. Cette crise est devant nous, car le coût des pensions va augmenter géométriquement, sans qu'aucune solution structurelle ait pu être trouvée.

Au reste, comment imaginer qu'un système de paiement pyramidal de pensions et de soins de santé puisse être financé alors que les courbes démographiques se sont inversées et que le taux de chômage des jeunes (c'est-à-dire de ceux qui vont alimenter la pompe du financement des travailleurs inactifs) atteint près de 25 % pour la zone euro ?

L'Europe s'effondre sous une monnaie unique qui a piégé ses États participants dans un système comparable à celui de l'étalon-or. Ceux qui, aujourd'hui, prônent l'austérité, la taxation et la rigueur implacables pour sortir d'une situation récessionnaire sont gravement dans l'erreur.

Le risque de l'erreur de jugement des prophètes de la rigueur obstinée, c'est que l'ordre social soit, à un moment, perturbé et que cela conduise à des discontinuités politiques. Certains pays en sont proches. Il faut d'ailleurs le constater : les politiques d'austérité, couplées à la rigueur monétaire allemande, ne sont pas une réussite.

Rien n'a été établi pour fonder une union budgétaire et fiscale. Les seuls progrès relèvent de la politique monétaire de la BCE, encore que cette dernière accompagne une étatisation silencieuse du système bancaire. Le constat d'un abîme de déflation est l'illustration de ce revers économique. Combattre une déflation exigera une politique monétaire encore plus souple et des taux d'intérêt encore plus bas.

Mais le temps ne nous sera peut-être pas donné. En effet, les États-Unis ont une longueur d'avance sur la reprise économique : celle-ci, couplée à une normalisation prochaine de leur politique monétaire, conduira peut-être à une hausse des taux d'intérêt. Cette hausse se transmettrait par capillarité à la zone euro. Le pire est peut-être là : nous longerons une déflation qui sera aggravée par des taux d'intérêt qui subiront une tendance haussière venue des États-Unis. Ce jour-là, la zone euro aura perdu la dernière bataille de la crise. Et cette dernière bataille, c'est celle de la monnaie unique. Car ne nous y trompons pas : la déflation conduit à la récession. Elle conduit aussi à l'augmentation relative du coût des dettes publiques. Or, derrière les dettes publiques, c'est la monnaie qui est mise en joue.

Paul Jorion : Quelqu'un a un jour écrit : « L'humanité ne verra pas la fin de ses maux avant que, ou bien ceux qui pratiquent la philosophie dans la rectitude et avec le souci de la vérité aient accédé à la direction des affaires de l'État, ou bien que, par la grâce des dieux, ceux qui sont à la tête des États soient devenus philosophes. »

Ce qui devrait nous rendre pessimistes, c'est que Platon a écrit cette lettre il y a deux mille cinq cents ans et que, à part quelques très rares exemples comme Marc Aurèle (121-180) ou Julien le Philosophe (331-363), la recommandation n'a pas été suivie : les professions de philosophe et d'homme ou femme d'État sont restées soigneusement séparées l'une de l'autre.

Ce qui est pire, c'est que ceux qui dirigent aujourd'hui les États ne sont pas devenus philosophes, mais banquiers. Et – ce n'est pas Bruno qui me démentira, bien qu'il ait été banquier moins accidentellement que moi – il n'y a rien qui soit plus éloigné d'un philosophe, dans sa manière de se représenter le destin de l'homme, qu'un banquier.

Ce que nous avons essayé de montrer par ces entretiens, c'est que les solutions ne sont pas hors d'atteinte, et qu'elles sont connues. Les solutions que nous proposons, Bruno Colmant et moi, ne sont pas identiques, et en soi cela signale qu'il y a déjà au moins deux voies en dehors du TINA, du « There Is No Alternative » ultralibéral.

John Maynard Keynes reste pour nous un exemple : il fut à la fois philosophe, financier et homme d'État. Il avait, en tant qu'homme, la stature qui lui aurait permis d'assumer pleinement chacun de ces rôles ; l'université médiévale à laquelle il s'est tant identifié l'a fait bénéficier de cet héritage. Les princes le savaient, qui l'écoutèrent avec attention pendant quarante ans, et, après sa mort, son influence se poursuivit trente ans encore.

Une tâche laissée inachevée par Keynes, c'est la proposition qu'il avait faite en 1944 à Bretton Woods d'une pacification des relations économiques entre nations par la mise en place d'une chambre de compensation internationale multilatérale qui présiderait aux échanges commerciaux dans un esprit d'harmonie et de justice. Le monde a vécu sans ordre monétaire international depuis 1971, quand les accords de Bretton Woods furent dénoncés par Richard Nixon. Voilà plusieurs années que je milite en faveur d'un nouveau Bretton Woods où l'on reprendrait la proposition de Keynes, dont la monnaie de compte est le *bancor*.

Mettons un nouveau Bretton Woods à l'ordre du jour. Voilà qui me rendrait optimiste.

Table des matières

DES MÊMES AUTEURS

Œuvres de Paul Jorion

Les Pêcheurs d'Houat, Paris, Hermann, coll. « Savoir », 1983 (2e éd., Broissieux, Éditions du Croquant, 2012).

La Transmission des savoirs, avec Geneviève Delbos, Paris, Éditions de la Maison des sciences de l'homme, coll. « Ethnologie de la France », 1984 ; 1991, 2009.

Principes des systèmes intelligents, Paris, Masson, coll. « Sciences cognitives », 1990 (2e éd., Broissieux, Éditions du Croquant, 2012).

Investing in a Post-Enron World, New York, McGraw-Hill, 2003.

Vers la crise du capitalisme américain ?, Paris, La Découverte, 2007 ; rééd. *La Crise du capitalisme américain*, Broissieux, Éditions du Croquant, 2009.

L'Implosion. La finance contre l'économie : ce que révèle et annonce la « crise des subprimes », Paris, Fayard, 2008.

La Crise. Des subprimes au séisme financier planétaire, Paris, Fayard, 2008.

L'Argent, mode d'emploi, Paris, Fayard, 2009.

Comment la vérité et la réalité furent inventées, Paris, Gallimard, coll. « Bibliothèque des sciences humaines », 2009.

Le Prix, Broissieux, Éditions du Croquant, 2010.

Le Capitalisme à l'agonie, Paris, Fayard, 2011.

La Guerre civile numérique, Paris, Textuel, 2011.

Misère de la pensée économique, Paris, Fayard, 2012.

La Survie de l'espèce, avec Grégory Maklès, Paris, Futuropolis/Arte, 2012.

Comprendre les temps qui sont les nôtres. 2007-2013, Paris, Odile Jacob, 2014.

Œuvres de Bruno Colmant

Les Nouveaux Instruments financiers, Bruxelles, Kluwer Éditions Juridiques, 1994 ; 1998.

Gestion du risque de taux d'intérêt, Bruxelles, Kluwer Éditions Juridiques, 1995.

Le Droit comptable dans la société, Bruxelles, Ced. Samsom, 1996.

Le Droit comptable belge applicable aux instruments financiers, Bruxelles, Larcier, 2001.

Les Stock-options, Cahiers Financiers, Bruxelles, Larcier, 2002 ; 2004 ; 2006.

Les Instruments financiers optionnels, Cahiers Financiers, Bruxelles, Larcier, 2002.

Les Obligations, Cahiers Financiers, Bruxelles, Larcier, 2002 ; 2004.

Efficience des marchés, Cahiers Financiers, Bruxelles, Larcier, 2003.

La Décote des holdings belges, Cahiers Financiers, Bruxelles, Larcier, 2003.

Les Normes IAS/IFRS 32 et 39, Cahiers Financiers, Bruxelles, Larcier, 2003 ; 2005.

Les Obligations convertibles, Cahiers Financiers, Bruxelles, Larcier, 2005.

Les Accords de Bâle II pour le secteur bancaire, Cahiers Financiers, Bruxelles, Larcier, 2005.

Les Intérêts notionnels, Cahiers Financiers, Bruxelles, Larcier, 2006.

L'Image fidèle en droit comptable belge, Cahiers Financiers, Bruxelles, Larcier, 2007.

Les Normes IAS/IFRS 32 et 39 et IFRS 7, Cahiers Financiers, Bruxelles, Larcier, 2007.

La Suppression des titres au porteur, Louvain-la-Neuve, Anthémis, 2007.

Accountancy tussen onderzoek en praktijk, Malines, Kluwer, 2007.

Les Déductions fiscales à l'impôt des sociétés, Cahiers Financiers, Bruxelles, Larcier, 2008.

Économie européenne : l'influence des religions, Louvain-la-Neuve, Anthémis, 2008.

Les Normes IFRS, Collection Synthex, Paris, Pearson, 2008.

2008 : l'année du krach, Bruxelles, Larcier, 2008.

Synthèses de droit bancaire et financier, Bruxelles, Bruylant, 2008.

L'Efficience des marchés, Cahiers Financiers, Bruxelles, Larcier, 2009.

La Bourse et la Vie, dialogue avec l'abbé Éric de Beukelaer, Louvain-la-Neuve, Anthémis, 2009.

La Crise économique et financière de 2008-2009, Bruxelles, P.I.E. Peter Lang, 2010.

Les Éclipses de l'économie belge, Louvain-la-Neuve, Anthémis, 2010.

IFRS et la crise financière, Anvers, ICCI, Maklu, 2010.

IEC 2010, Tielt, Lannoo, 2010.

Le Capitalisme d'après, dialogue avec Axel Miller, Bruxelles, Larcier, 2010.

2010, l'année fracturée, Louvain-la-Neuve, Anthémis, 2010.

L'Impôt en Belgique après la crise, dialogues avec Étienne de Callataÿ, Bruxelles, Larcier, 2010.

2011-2013 : les prochaines conflagrations économiques, Bruxelles, Larcier, 2010.

Liber Amicorum – Jacques Autenne, Bruxelles, Bruylant, 2010.

Des temps provisoires, une année imprécise, Louvain-la-Neuve, Anthémis, 2011.

Les Dialogues de la Fiscalité, Bruxelles, Larcier, 2011.

Les Sentinelles de l'économie, Louvain-la-Neuve, Anthémis, 2012.

Les Confidences d'une charmille, Amazon-Kindle, 2012.

Cinquante ans de fiscalité, Actes d'un colloque de l'ESSF, 2012.

La Déflagration monétaire, Louvain-la-Neuve, Anthémis, 2012.

Voyage au bout de la nuit monétaire, Collection de l'Académie royale de Belgique, 2012.

De nouvelles géométries économiques, Louvain-la-Neuve, Anthémis, 2013.

Les Agences de notation financière, Bruxelles, Larcier, 2013.

Capitalisme européen : l'ombre de Jean Calvin, Collection de l'Académie royale de Belgique, 2013.

Dettes publiques : un piège infernal, avec Jennifer Nille, Bruxelles, Larcier, 2014.

Du bon génie de l'inflation à l'ogre de la déflation, Louvain-la-Neuve, Anthémis, 2014.

Seven Years of Economic Crisis, Louvain-la-Neuve, Anthémis, 2014.

Œuvres de Marc Lambrechts

Monnaies en crise. Le SME, le dollar et les spéculateurs, avec Pierre-François Lovens, préface de Peter Praet, Bruxelles, Éditions L'Écho, 1993.

Banqueroute. Comment Fortis a ébranlé la Belgique, avec Martine Maelschalck et Michaël Sephiha, Bruxelles, Éditions Racine, 2009.

PAPIER À BASE DE FIBRES CERTIFIÉES

Fayard s'engage pour l'environnement en réduisant l'empreinte carbone de ses livres. Celle de cet exemplaire est de :
0,700 kg éq. CO_2
Rendez-vous sur www.fayard-durable.fr

Achevé d'imprimer en Italie par Grafica Veneta
61-57-5558-7/01 - Dépôt légal: septembre 2014